Vedic Prayers

वैदिक-यज्ञ-विधि

English and Hindi Translation with Notes

By

Prof. Ravi Prakash Arya

Amazon Books, USA

In Association with

Indian Foundation for Vedic Science

1051, Sector-1, Rohtak, Haryana, India-124001

Contact Nos. 09313033917; 09650183260

Website : https://vedic-sciences.com

First Edition
Kali era: 5119 (c. 2017)
Kalpa era : 1,97,29,49,119
Brahma era: 15,55,21,97,29,49,119

ISBN 81-87710-90-X

Contents

Foreword 11

Preface 12

Science of Yajña 14

Medicinal Property of Yajña 20

Scheme of Transliteration 24

अथ गायत्रीमन्त्रः 25

Gāyatrī Mantra 25

अथाचमनमन्त्रः 26

Mantra for sipping water 26

अथेन्द्रियस्पर्शमन्त्राः 27

Mantras for touching various body parts 27

अथ मार्जनमन्त्राः 30

Mantras for Purification 30

अथ प्राणायाममन्त्राः 32

Prāṇāyāma Mantras 32

अथाघमर्षणमन्त्राः 33

Mantras for exoneration of immoral acts 33

अथाचमनमन्त्रः 35

Mantra for sipping water 35

अथ मनसापरिक्रमामन्त्राः 36

Mantras for Mental Circumambulation of the Universe 36

वैदिक-यज्ञ-विधि 4
अथोपस्थानमन्त्राः 41
Mantras to experience proximity to God 41
अथ गायत्रीमन्त्रः 44
Gāyatrī Mantra 44
अथ समर्पणम् 45
Surrender to God 45
अथ नमस्कारमन्त्रः 46
Mantra for Salutation 46
अथेश्वर-स्तुति-प्रार्थनोपासनामन्त्राः 47
Mantras for Eulogy, Prayer and Worship of God 47
अथ स्वस्तिवाचनम् 52
Prayer for Well-being 52
अथ शान्तिकरणम् 72
Prayer for peace 72
अथ आचमन-मन्त्राः 91
Mantras for sipping waters 91
अथ अंगस्पर्शमन्त्राः 92
Mantras for consecrating body parts 92
अथ अग्न्याधानमन्त्राः 94
Mantras for Placing fire 94
अथ समिधाधानमन्त्राः 98
Mantras for Placing of Samidhā in the Fire altar98
दूसरी समिधा 100
Second Samidhā 100

तीसरी समिधा	102
Third Samidhā	102
अथ घृताहुतिमन्त्राः	104
पांच आहुति घी की	104
Five Ghee Offerings	104
अथ जलप्रसेचनमन्त्राः	107
Mantras for puring water	107
अथ आघारावाज्याहुतिमन्त्राः	110
Mantras for Ghee Offerings	110
अथ आज्य-भागाहुति मन्त्राः	112
Mantras for Ājya-bhāga Offering	112
अथ व्याहृति-आहुतिमन्त्राः	113
Mantras for Vyāhṛti-offerings	113
अथ स्विष्टकृत्-आहुतिमन्त्रः	115
Mantra for offering of sweet	115
अथ प्राजापत्याहुतिमन्त्रः	117
Mantra for offering to Prajāpati	117
अथ आज्याहुतिमन्त्राः	118
Mantras for Ghee-offerings	118
प्रधान होम सम्बन्धी	118
Associated with Main Homa	118
अथ अष्टाज्याहुतिमन्त्राः	122
Mantras for eight Ghee-offerings	122
प्रातःकाल की आहुतियों के मंत्र	130

Mantras for Morning offerings 130
सांयकालीन आहुतियों के मंत्र 133
Mantras for Evening offerings 133
प्रातः और सांयकालीन आहुतियों के मन्त्र 136
Mantras for combined offerings of Morning and Evening 136
पूर्णाहुतिमन्त्रः 140
Mantras for concluding offerings 140
प्रार्थना-मन्त्र 141
Prayer Mantras 141
पूर्णमासी की आहुतियाँ 143
Offerings for Full Moon Day 143
अमावास्या की आहुतियाँ 144
Offerings for New Moon Day 144
बलिवैश्वदेव यज्ञ विधि 145
Feeding Animals and Birds 145
यज्ञ प्रार्थना 149
भजन-1 149
Yajña Prayer 150
Bhajana -1 150
भजन--2 151
शरण प्रभु की आओ रे 151
Bhajana -2 152
Śaraṇa Prabhu Kī Āo Re 152
भजन--3 153

पितु मातु सहायक 153

Bhajana--3 154

Pitu Mātu Sahāyaka Swamī 154

भजन--4 155

ओ३म् अनेक बार बोल 155

Bhajana --4 156

Om Aneka Bāra Bola 156

भजन--5 157

अब सौंप दिया 157

Bhajana -5 158

Ab Sauñpa Diyā 158

भजन--6 159

तुम हो प्रभु चाँद 159

Bhajana--6 160

Tuma ho prabhu Chāñda 160

भजन--7 161

तेरो नाम ओंकार 161

Bhajana--7 162

Tero Nāma Oṁkāra 162

भजन--8 163

अब कैसे छूटे 163

Bhajana -8 164

Tero Nāma Oṁkāra 164

भजन--9 165

रे मन! उसका कर चिन्तन 165
Bhajana--9 166
Re Mana! Usakā Kara Chintana 166
भजन--10 167
तुम्हारी कृपा 167
Bhajana -10 168
Tumhārī Kṛpā 168
भजन --11 169
तेरे पूजन को भगवान् 169
Bhajana -11 170
Tere Pūjana Ko Bhagavān 170
भजन--12 171
आज मिल सब गीत गाओ 171
Bhajana --12 172
Āja Mila Saba Gīta Gāo 172
भजन--13 173
मेरे देवता 173
Bhajana -13 174
Mere Devatā 174
भजन 14 175
ओम् ही रक्षक हमारे 175
Bhajana -14 176
Om Hī Rakṣaka Hamāre 176
भजन--15 177

मेरा नाथ तू है	177
Bhajana --15	178
Merā Nātha Tū Hai	178
भजन--16	179
भरोसा कर तू ईश्वर का	179
Bhajana -16	180
Bharosā Kara Tū Īśvara Kā	180
भजन--17	181
मैया बरस-बरस रस वारी	181
Bhajana -17	182
Maiyā Barasa-Barasa Rasa Vārī	182
भजन--18	183
शरण अपनी में रख लीजे	183
Bhajana -18	184
Śaraṇa Apanī Meñ Rakha Lije	184
भजन--19	185
सुखी बसे संसार सब	185
Bhajana -19	186
Sukhī Base Sansāra Saba	186
आरती	187
Āratī	188
ऋग्वेद का अन्तिम सूक्त	189
Last Hymn of the Ṛgveda	189
सामूहिक प्रार्थना	191

Foreword

The first edition of *Vedic Prayer,* edited and compiled by Dr. Om Prakash of Burma, was published long back by the Arya Samaj of Chicagoland, Illinois, USA. This edition was received warmly by the lovers of Vedas. The book has already gone out of print, and there is a need to republish it. As such, it was thought that before its republication, the book should be revised and updated with the scientific translation of Sandhyā and Havana mantras and the scientific significance of rituals involved in Sandhyā and Havana. Given this fact, Dr. Ravi Prakash Arya, a world-renowned Vedic scholar, was requested to bring out this book with a scientific translation of the mantras. Dr. Arya conceded to my request immediately and undertook this uphill task.

I want to sincerely thank Dr. Ravi Prakash Arya ji for his valuable work in bringing out this new edition of 'Vedic Prayers" in a new shape and scholarly manner. I hope the readers of Vedic prayers will welcome this new edition and immensely benefit from the scientific import of the mantras involved in Vedic Sandhyā and Havana to be performed by Vedic scholars and Arya Samaj followers regularly.

Dr. S.C. Soni, M.D.

President

Arya Samaj, Chicagoland, USA

Preface

Although there is no dearth of Sandhyā books on the shelves of Arya Samaj, an ardent need has been felt for a long to present the Sandhyā and Havana mantras with their scientific imports and scientific explanations of various rituals involved in the performance of Havana. The present work is the first-ever attempt to fill the gap in this direction. In this work, all Sandhyā and Havana mantras have been transliterated in Roman script following the international transliteration scheme. This scheme of transliteration has been separately appended in this book so that readers may not have difficulty understanding and pronouncing the mantras correctly. A scientific interpretation of the mantras has also been carried out in Hindi and English for the Hindi and English-speaking readers to understand the scientific significance of mantras involved in the ritual of Sandhyā and Havana.

It may not be out of context to extend my special thanks to Dr. S.C. Soni, M.D., President of Arya Samaj, Chicago, USA, who inspired for this endeavour. This book is a result of his suggestions and constant persuasion.

This book may be treated as a revised and modified edition of the book titled 'Vedic Prayer' compiled and edited by 'Arya Ratna' Dr. Om Prakash of Burma and published by The Arya Samaj Chicagoland, Illinois, USA. In the present edition, all mistakes of the previous edition have been removed, and the author of the present lines has attempted a new scientific approach to Agnihotra and Sandhyā so that the readers are informed that Agnihotra is not a religious ritual but a spiritual and scientific exercise.

It is hoped that the Hindi and English-speaking readers will benefit equally from this book and be able to perform Havana from a scientific perspective in their mind.

Prof. Ravi Prakash Arya

Science of Yajña

The *Yajña* is a key concept of Vedic culture and philosophy. It has been described as the noblest and excellent act of Almighty.

यज्ञो वै श्रेष्ठतमं कर्म।
yajño vai śreṣṭhtamaṁ karma.

There are many types of *yajñas — Śrauta yajña, Gṛhya yajña, Brahma yajña, Devayajña*, etc. etc. Here the term *Śrauta yajña* is of great interest for us. The concept of *Śrauta yajña* can be understood only in the context of Vedas and allied literature. As the present author has pointed out on many occasions that the Vedas are the science of creation which takes place at three parallel levels, i.e. metaphysical, astrophysical and physical level in the universe. The *Śrauta yajña* denotes nothing but the process of this creation. Nothing can be noblest and most excellent work than this process of creation.

Etymologically, the term *yajña* is formed from the root √*yaj*, meaning *devapujā*, *saṁgatikaraṇa* and *dāna*. *Devapujā* is nothing but comprehending this divine creation process by symbolically representing it in a fire-altar. The creation process occurs because Agni (fire) burns in the Somiki Vedī or fire altar. It is often described that everything in the universe is comprised of *agni* (-ve) and *Soma* (+ve).

अग्निसोमात्मकम् इदं सर्वम् ।
agnisomātmakam idaṁ sarvam

Whenever agni is ignited in the somīya fire altar, creation takes place. This fact can be easily understood in the context of creation on the Earth. For the creation to occur on Earth, Sun-rays are essential. Thus, a *Śrauta yajña* symbolically represents the creation process in the universe and on the Earth. The fire-altar (*somikivedī*) represents the Earth so far as the creation on the Earth is concerned and the whole Bhūtākāśa/Virāṭ [physical space of active energy known to modern physics] so far as the creation of the universe is concerned. The Brāhmaṇakāra clearly states that the Earth or Bhūtākāśa is the fire-altar-*iyaṁ pṛthivi vai vedī.* The earth/ Bhūtākāśa has the same parameters as that of the *vedī* - *yāvatī vedī tāvatī vai pṛthivi.* In fact, the cosmic yajña (the process of creation) takes place with Earth acting as the *Vedī* and the radiation heating from the Sun playing the role of fire burning in the fire altar of the Earth. It is only due to the sun rays falling on the earth that the creation takes place. Had there been no radiation heating from the sun, the life would not have sprung up on the Earth. Similarly, in the context of the origin of the universe, when energy is activated by the saṅkalpa of Brahman, it disintegrates into particles and antiparticles forming Bhūtākāśa. Here particles act as agni and anti-particles as soma. That is why it is said that entire creation is caused by agni and soma. Agni is the -ve charge and soma is a +ve or neutral charge. On the other hand energy particles are described as *devas* [forces of light] and the anti-particles as the *asuras* [forces of darkness]. Devāsura Saṅgrāma (war between devas and asuras) is nothing but annihilation process between particles and their anti-particles. As a result, due to excess particles over antiparticles, this creation takes place. So yajña is nothing but the creation of active energy and Bhūtākāśa. This, in fact, is the nature of the *adhidaivika yajña.* In *adhidaivika yajña* or the process of creation of the universe, Chidākāśa acts as agni, Bhūtākāśa acts as soma and activation of of energy acts as an oblation. In the process of creation on Earth, the Sun becomes agni or father, vedī, the Earth is soma and solar winds are oblations.

Similarly, the *ādhyātmika yajña* [the process of creation at metaphysical level] is accomplished with mother acting as the v*edī* or soma and father as agni. Semen of father acts as an oblation. That is why the seer says, '*yoṣā vai vedī*'. The further *ādhyātmika* process of creation is accomplished with *Jaṭharāgni* acting as the agni and jaṭhara as somīki vedī and soma [consumption of the foodstuffs] acts as an oblation. The *ādhyātmika yajña* also takes place in process of imparting knowledge. In this process, Āchārya or teacher acts as agni and students as somīki vedī and soma [imparting of knowledge acts as an oblation]. Thus the Śrauta yajña is the representative of the various processes of creation and fire-altar representing the various forms of *somiki* v*edīs* and the fire burnt on the altar representing the various forms of *agnis* involved in various processes of creation. Oblations or *āhutis* offered in the metaphysical, cosmic and physical processes of creation represent the soma.

The physical process of manual *yajña* is accomplished by offering oblations of herbs [*auṣadhīs* or soma] into the fire burning in the fire-altar [*somoki vedī*]. It represents the cosmic yajña going on in the universe and on the earth. So the very purpose of manual yajña to be performed is both expositions of natural yajña of creation as well as cleaning the environment from pollutants. That is why the author of present lines has given the scientific significance of all the mantras involved in the

Sandhyā and Havana.

Like all other methods mentioned above, *yajña* was also developed to explain and elucidate the various aspect of spiritual, astronomical and physical sciences. The *Sāṅkhāyana Gṛhyasūtra* (1.2.18.19) had it as

अधिदैवत् अथाध्यात्म अधियज्ञमिति त्रयम्।

मन्त्रेषु ब्राह्मणेषु चैव श्रुतमित्यभिधीयते।।

adhidaivat athādhyātma adhiyajñamiti trayam.
mantreṣu brāhmaṇeṣu caiva śrutamity-abhidhīyate.

A close perusal of *Brāhmaṇas* confirms this fact. For instance, *Ś.Br.* 10.2.5.1&2 relates the aim of *agnicayana* ceremony to *ātmasaṁskāra* or self-purification as,

तथैवैतद् यजमानः एताः पुरः प्रपद्याभयेऽनाष्ट्रा एतम् आत्मानम् संस्कुरुते।
tathaivaitad yajamānaḥ etāḥ puraḥ prapadyābhaye'nāṣṭrā etam ātmānam saṁskurute.

We may refer to Sāyaṇa's commentary thereon:

तथाऽयम्यजमानोऽपि उपसदोर्मध्ये अग्निचयनेन् आत्मानम् संस्कुरुते।

tathā'yam yajamāno'pi upasador madhye agnicayanen ātmānam saṁskurute

At another place *Ś.Br.* (10.2.3.15) describes all the *yajñas* aiming at *ātma-saṁpādana* or self-accomplishment, e.g. *sarvair hi yajñair ātmānaṁ saṁpannaṁ vide*

At yet another place *Ś.Br.* (11.5.3.1) proclaims *agnihotra* as the expounder of *Ātman* or *Brahman,* i.e. supreme self, e.g.

शौचेयो ह प्राचिनयोग्य उद्दालकम् आरुणिमाजगाम ब्रह्मोद्यम् अग्निहोत्रं विविदिष्यामि इति।

śauceyo ha prācinayogya uddālakam āruṇim ājagāma

brahmodyam agnihortaṁ vividiṣyāmi iti.

We come across such references in *Ś.Br.* as describe the two fold objects of *Darśpūrṇamāsa* and *Chāturmāsya* sacrifices, viz., *Ātmayājītva* and *Devayājītva* i.e. spiritual as well as astronomical one. For example, *Sāyaṇa's* commentary at 11.5.2.1 is noteworthy. According to him, as we have shown spiritual as well as astronomical purpose of *Darśa-pūrṇamāsa yāgas*, similarly to illustrate the twofold purpose of *Chāturmāsya yāga*, we state here a legend which associates the various limbs of the body with the various parts of yajña.

यथा दर्शपूर्णमास याजिनः आत्मयाजित्वं चेति द्वैविध्यं दर्शितम् एवं चातुर्मास्ययाजिनोऽपि तथात्वं दर्शयितुं शरिरावयवकल्पनं आख्यिकया रचयति।

yathā darśa pūrṇamāsa yājinaḥ ātmayājitvaṁ ceti dvaividhyaṁ darśitam evaṁ cāturmāsya yājino'pi tathātvaṁ darśayituṁ śarirāvayava kalpanaṁ ākhyikayā racayati.

In addition to above, the *yajñas* were also performed in a time bound manner starting from one day to thousand years in order to retain the astronomical records of various movements of the Earth, Moon and various other planets and stars. For instance, *ekāhahin yāga* represented earth's rotation on its axis. The year-long *satra* in the *Aitreya Brāhmaṇa* (Book III & IV) represented the phenomenon of the Earth's revolution around the Sun. Martin Hauge writes in his introduction to *Ait. Ār.* (P.48) 'The *satras* lasted for one year were nothing but an imitation of the Sun's yearly course. They were divided into two distinct parts each consisting of six months of 30 days each. In the midst of both was the *vi–uvan,* i.e., the equator or the central day cutting the whole *satra* into two halves (Uttarāyaṇa and

Dakṣiṇāyana)."

Some *yāgas* were also carried out to celebrate the reconciliation of various years, for example, according to *Nidāna Sūtra* (10.5) five-day yāga was done at the end of each civil year of 360 days to reconcile the civil year to the solar year of 365 days. Similarly, reconciliation of synodic lunar year of 354 days was done to solar year of 365 1/4 days through *ekādaśa rātra ahīnayāga* performed at the end of each synodic year. For the reconciliation of civil year of 360 days to the solar year of 365.25 days, *Atirātra yāgas* of 4, 5, or 6 days were also performed at the end of the civil year. *Taittirīya Saṁhitā* (1.1.8) mentions a controversy about the number of days on which *Atirātra yāgas* were to be performed. It says the four *atirātras* make the year incomplete, while six *atirātras* give excess. So, five *atirātras* are the best for attaining unison with seasons.

Similarly 12 years satra in Naimiṣa forest described in the *Tāṇḍya Brāhmaṇa* (25.6.4) represents the Bṛhaspati's or Jupiter's course around the Sun in twelve years.

In the *TS.* (12th chapter) there is a mention of *Sāyana sattra* named as *Vaiśvasṛja yāga* symbolizing the entire life span of the present creation of this Kalpa. This Kalpa has the total life span of 1000 *mahāyuga*s which is calculated equal to 4,32,00,00,000 years.

In the *TS.* (3rd *Kāṇḍa*) we find details about *Nakṣatreṣṭi* wherein separate *puronuvākyā* and *yājyā* mantras are given for each *Nakṣatra.* There the 14 *Deva-nakṣatras* beginning with *Kṛttikās,* and 14 *Yama Nakṣatras* beginning with *Anurādhā* are referred to in *Anuvāka* two.

Thus the physical *Yajñas* were performed in precise conformity with the cosmic *yajñas* going on in the universe or the *Brahma Yajña* going on at the spiritual level. Little bit mistake in the performance of physical *yajñas* could amount to serious threats in understanding the natural course. Hence, every bit of accuracy was maintained at all costs. Separate chapters were devoted to dealing with the subject of *Yajña-chhidra* (flaws in the performance of *yajña)* to avoid such mistakes.

In addition, *Yajña* was also developed as a *tāntrika* technology in its form of *Devayajña* to materialize various astronomical phenomena like rainmaking and anti-rain. (For more detail see author's Vedic Meteorology, 2006, International Vedic Vision New York & Indian Foundation for Vedic Science, Delhi). Recently the present author has discovered that *Agniśomīya Paśuyāga* was not the sacrifice in which animals were used to be killed. Rather it had its twofold significance. In *ādhyātmika* sense, it signified the charging of soul with knowledge, in an astronomical sense it signified an operation for rainmaking, as the *Bhagavad Gītā* (3.9-15) aptly points out that Yajña purifies air, which in turn causes rain that nourishes all vegetations and herbs, and finally produces grains that bestow longevity of life.

Medicinal Property of Yajña

Modern scientific experiments have proved that when something is burnt into the fire it transforms into its gaseous form increasing in volume. This increase in the volume of liquid substances on being changed into gaseous state due to heating has been calculated by modern scientists (particularly in the context of the transformation of liquid waters into vapours) by a factor of nearly 1000.[1]

It has been proved that *yajña* renders pathogenic bacteria polluting air and water to non-pathogenic ones.[2]

The antiseptic and antibiotic effects of the smoke of *yajña* have also been examined by conducting laboratory experiments. It has been found that the smoke emitted by *yajña* is a powerful antibiotic in nature. Nautiyal et. al (2007)[3] conducted a study on Agnihotra. He found that the aerial pathogenic bacteria were eliminated by the Agnihotra smoke. It was observed during an experiment that one-hour treatment of Agnihotra smoke on aerial bacterial population caused over 94% of the decrease in bacterial counts and ability of Agnihotra to disinfect the air and make environment cleaner was maintained up to 24 hours in the closed room. It was also found that pathogenic bacteria remained absent in the open room even after 30 days of performing Agnihotra, indicating the Agnihotra's bactericidal potential.

A preliminary experiment was carried out to study the effect of Agnihotra on the bacterial population in a room where Agnihotra was performed. For this study,

---

1 Cf. Mason (1978 : 77) cited in *Vedic Meteorology*, by Dr. Ravi Prakash Arya, published by Indian Foundation for Vedic Science, Delhi, 2006, p.22

2 Chakradhar Frend at al. (2007): *Vedic Microbiology*, Indian Foundation for Vedic Science.

3 *Journal of Ethnopharmacology*, Volume 114, Issue 3, December 2007, Pages 446-451

two rooms of equal dimensions (13¼" x 8" x 11") were selected. In both rooms, the fire was prepared from dried cow dung cakes in copper pyramids, and the basal reading of several microorganisms was taken by exposing blood agar plates at four corners of the room for 10 minutes. It was done precisely half an hour before Agnihotra time. Agnihotra was performed precisely at sunset in one of the rooms. Bacterial counts were similarly retaken in both rooms at half an hour intervals. Thus, readings were taken in both the rooms up to two hours after the performance of Agnihotra.

Interestingly, microbial counts in the room where Agnihotra was performed were reduced by 91.4%. In contrast, the room where the only fire was generated did not show appreciable changes in the microbial counts. It leads one to think that it was the process of Agnihotra that was responsible for the reduction of bacterial counts and not the mere presence of fire.[4]

Similarly, Some medicinal tests on Agnihotra Ash were also carried out (M.S. Parkhe, Agnihotra, 93). Some of them may be illustrated as under:

A rabbit infected with scabies was selected for the experiment. The animal had a white hard crust on its nose, eyelashes, and ear margin. An " ointment " was prepared by mixing 'Agnihotra" ash and cow ghee and applied to the lesions only once. Three days after the application, a crust got detached, and the rabbit showed improvement. With routine anti-scabies treatment using

---

4 http://www.homatherapypoland.org/agnihotra-and-microbes-laboratory-experience-dr-arvind-d-mondkar-msc-phd-micro

benzyl benzoate and salicylic acid, it would have taken at least 8 to 10 days for a complete cure after applying the lotion daily. Secondly, this lotion is toxic to the animals if licked. The side effects are eliminated if Agnihotra ash and cow ghee are used. The desired result is available just after one application.

An experiment was also conducted on patients suffering from conjunctivitis. While performing Agnihotra, besides normal oblations of rice smeared with melted butter, twigs of Ficus Bengalnensis, *Vaṭa* and Ficus glomerata, *Audumbara* and Mellia Azadirachta, *Neem*, were used as offerings. The wood of these trees is used for offering into Agni. The ash remained as the residue and was powdered to a fine mesh. It was then poured into distilled water in a ratio of 1:10. The solution was boiled for half an hour and filtered to obtain a crystal-clear solution. It was used as an eye drops for two or three days. Over seventy per cent of patients reacted to the medicine successfully. If patients affected by conjunctivitis perform Agnihotra with the abovementioned ingredients and stay in that atmosphere for some time, the reaction would be even faster. The *Maha Yajñas* performed with special oblations during the break out of the epidemic proves that releasing medicinal gases creates a preventive environment.

Prof. Dr. Ravi Prakash Arya
Chair Professor
Maharshi Dayanand Saraswati Chair (UGC)
Maharshi Dayanand University, Rohtak
Ph. 9313033917; 9650183260
https://vedic-sciences.com

Scheme of Transliteration

While transliterating the Vedic mantras into Roman script following internationally accepted scheme has been followed. This will help the English knowing readers to pronounce the mantras properly.

Vowels		**Consonants**			
अ	a	क्	k	प्	p
आ	ā	ख्	kh	फ्	ph
इ	i	ग्	g	ब्	b
ई	ī	घ्	gh	भ्	bh
उ	u	ङ्	ṅ	म्	m
ऊ	ū	च्	ch	य्	y
ऋ	ṛ	छ्	chh	र्	r
ए	e	ज्	j	ल्	l
ऐ	ai	झ्	jh	व्	v
ओ	o	ञ्	ñ	श्	ś
औ	au	ट्	ṭ	ष्	ṣ
अं	aṁ	ठ्	ṭh	स्	s
अः	aḥ	ड्	ḍ	ह्	h
लृ	ḷ	ढ्	ḍh	क्ष्	kṣ
ऽ	’	ण्	ṇ	त्र्	tr
ꣳ	ꣳ	त्	t	ज्ञ्	jñ
ँ (Veda)	ṃ	थ्	th	ळ	ḻ
(ं) in Hindi	ṅ	द्	d	ळह	ḻh
		ध्	dh		
		न्	n		

अथ गायत्रीमन्त्रः

Gāyatrī Mantra

ओं भूर्भुवः स्वः। तत्सवितुर्वरेण्यं भर्गो देवस्य धीमहि।

धियो यो नः प्रचोदयात्॥ ऋ. 3.62.10; यजु. 36.3

Oṁ bhūrbhuvaḥ svaḥ. tatsaviturvareṇyaṁ bhargo devasya dhīmahi; dhiyo yo naḥ prachodayāt.

अर्थ-ओम् (ईश्वर का मुख्य नाम) नामक परमेश्वर (भूः) स्वयं भी प्राणस्वरूप है तथा समस्त प्राणियों के प्राण का आधार है। (भुवः) स्वयं दुःख रहित है तथा अपने उपासकों के दुःख को भी दूर करने वाला है। (स्वः) स्वयं भी सुखस्वरूप है तथा अपने उपासकों को भी सुख देने वाला है।

हम (तत्) उस (सवितुः) सकल जगत् के उत्पादक (देवस्य) सूर्य आदि सब लोकों के प्रकाशक ईश्वर के (वरेण्यं) अति श्रेष्ठ ग्रहण और ध्यान करने योग्य (भर्गः) सब क्लेशों को हरने वाले शुद्ध स्वरूप का (धीमहि) ध्यान करें। ताकि (यः) वह ईश्वर (नः) हमारी (धियः) बुद्धियों को (प्रचोदयात्) अच्छे कार्यों में प्रवृत्त करे।

उसके बाद दैनिक सन्ध्या के मन्त्रों का उच्चारण करें। साथ में मन्त्रों के अर्थ का भी ध्यान करें। सवेरे शाम सन्ध्या करें तो बहुत लाभ होगा।

[Meaning] O God, known by the name of Oṁ, You are the embodiment of life and source of life of all creatures. Being free from all miseries, You assuage the miseries of your devotees. You are the embodiment of bliss, and give bliss and tranquillity to Your devotees.

Let us meditate upon your pure self, which is worthy of meditation, and assuage all miseries. You are the creator of the universe, the illuminator of all stars. May you guide us to the righteous path.

- After this mantra, Sandhyā mantras are chanted-

- Concentrate your mind, withdrawing it from all

outside stimuli. While chanting the mantras, meditate upon the deep meaning of the mantras.

- If performed regularly, morning and evening, Sandhyā immensely benefits the body and mind of the practitioner.

- Now follow the ritual of sipping water to cleanse your throat [5].

अथाचमनमन्त्रः

Mantra for sipping water

ओं शन्नो देवीरभिष्टय आपो भवन्तु पीतये।

शंयोरभिस्रवन्तु नः ॥ ऋ. 10.9.4; यजु. 36.12

Oṁ śaṁ no devīrabhiṣṭaya āpo bhavantu pītaye ।
śaṁyorabhisravantu naḥ

अर्थ- (ओं) हे ईश्वर (देवीः) ये वर्षा से प्राप्त होने वाले (आपः) जल (नः) हमारे (पीतये) पीने लायक तथा (अभिष्टये) अभीष्ट की सिद्धि करने वाले हों। ये सब जल (नः) हमारी (शंयोः) सुख और शान्ति के लिए (अभिस्रवन्तु) चारों ओर बहें। (बाढ इत्यादि से तबाही न मचायें, ऐसा अभिप्राय समझना चाहिए)।

May God these rainy waters fulfil our needs and desires and be calm, tranquil and potable. Let all these waters flow for our happiness and prosperity, i.e should not cause any catastrophe through floods, etc.

---

5 The *Śatapatha Brāhmaṇa* (1.1.1.1; 3.1.2.10) observes that water has purifying effect. Accordingly, it has been observed time and again in Vedic texts, पवित्रं वाऽपः। मेध्या वा आपः। That is why, before starting yajña there is a provision of sipping water so that throat is cleansed and ready to recite mantras.

अथेन्द्रियस्पर्शमन्त्राः

Mantras for touching various body parts

पात्र में से बायें हाथ में जल लेकर दाहिने हाथ की मध्यमा और अनामिका अंगुलियों से स्पर्श करके प्रथम दक्षिण और पश्चात् वाम पार्श्व में अंगों का मन्त्रों से स्पर्श करें।

Take water in the left palm. Touching the water with the middle and ring fingers of the right hand, touch the various parts of the body from right to left while chanting[6]:

ओं वाक् वाक् ।

ओं प्राणः प्राणः ।

ओं चक्षुः चक्षुः ।

ओं श्रोत्रं श्रोत्रम् ।

ओं नाभिः ।

ओं हृदयम् ।

ओं कण्ठः ।

ओं शिरः ।

ओं बाहुभ्यां यशोबलम् ।

ओं करतलकरपृष्ठे ॥

Oṁ vāk vāk (The mouth from —right to left).
Oṁ prāṇaḥ prāṇaḥ
(The nose— from the right to the left nostril).

---

[6] This ritual of touching various parts of body also symbolizes purification of various parts of body.

Oṁ cakṣuḥ cakṣuḥ (The eyes— from right to left).
Oṁ śrotraṁ śrotraṁ (The ears— from right to left).
Oṁ nābhiḥ (The naval).
Oṁ hṛdayam (The heart).
Oṁ kaṇṭhaḥ (The throat).
Oṁ śiraḥ (The head).
Oṁ bāhubhyāṁ yaśobalam (the arms).
Oṁ karatala-karapṛṣṭhe (the hands).

अर्थ- (ओं वाक्) हे वाणी के अधिष्ठान रूप ईश्वर! (वाक्) हमारी वाणी को बल युक्त करें।

(ओं प्राणः) हे प्राणस्वरूप ईश्वर! हमारी प्राणवायु को बलयुक्त करें।

(ओं चक्षुः) हे सकल विश्व के प्रकाशक ईश्वर! हमारे चक्षुओं को शक्ति प्रदान करें।

(ओं श्रोत्रं) हे श्रवण शक्ति के अधिष्ठान रूप ईश्वर! हमें श्रवण शक्ति प्रदान करें।

(ओं) हे ईश्वर! (नाभिः) हमारे शरीर की नाभि, (हृदयं) हृदय, (कण्ठः) कण्ठ तथा (शिरः) शिर को बल युक्त करें।

(ओं) हे ईश्वर! (बाहुभ्यां) हमारी भुजाएं (यशोबलं) यश और बल के कार्य करने वाली हों।

(ओं) हे ईश्वर! (करतल) हमारी हथेली और (करपृष्ठे) करपृष्ठ भी सुख-समृद्धि के कार्य करने वाले हों।

O Governor of Speech, may you bless me with powerful speech.

O Governor of vital breath, may you bless me with strong vital breath.

O Governor of vision, may you bless me with far-sighted vision.

O Governor of auditory function, may you bless me with powerful auditory sensation.

May you bless me with a strong navel, heart, throat and head.

May our arms be powerful enough to accomplish the tasks of fame.

May our hands be the source of prosperity and fame to us.

अथ मार्जनमन्त्राः

Mantras for Purification[7]

ओं भूः पुनातु शिरसि।

ओं भुवः पुनातु नेत्रयोः।

ओं स्वः पुनातु कण्ठे।

ओं महः पुनातु हृदये।

ओं जनः पुनातु नाभ्याम्।

ओं तपः पुनातु पादयोः।

ओं सत्यं पुनातु पुनश्शिरसि।

ओं खं ब्रह्म पुनातु सर्वत्र॥

Oṁ bhūḥ punātu śirasi. (The head)
Oṁ bhuvaḥ punātu netrayoḥ. (The eyes)
Oṁ svaḥ punātu kaṇṭhe. (The throat)
Oṁ mahaḥ punātu hṛdaye. (The heart)
Oṁ janaḥ punātu nābhyām. (The naval)
Oṁ tapaḥ punātu pādayoḥ. (Both the feet)
Oṁ satyaṁ punātu punaśśirasi. (Again the head)
Oṁ khaṁ brahma punātu sarvatra. (The entire body)

अर्थ- (ओं भूः) हे प्राणस्वरुप ईश्वर! मेरे (शिरसि) शिर में (पुनातु) पवित्रता प्रदान कीजिए।

(ओं भुवः) हे दुःखहर्त्ता ईश्वर! मेरे (नेत्रयोः) नेत्रों में (पुनातु) पवित्रता भर दीजिए।

(ओं स्वः) हे सुखस्वरूप ईश्वर! मेरे (कण्ठे) कण्ठ में (पुनातु) पवित्रता भर

---

7 Having carried out physical purification through waters, God is also invoked to carry out spiritual purification of various parts of body involved in performing Sandhyā and Havana yajña.

दीजिए।

(ओं महः) हे महामहिम ईश्वर! मेरे (हृदये) हृदय में (पुनातु) पवित्रता भर दीजिए।

(ओं जनः) हे सकल जगत् के उत्पन्न करने वाले ईश्वर! मेरे (नाभ्याम्) नाभि में (पुनातु) पवित्रता प्रदान कीजिए।

(ओं तपः) हे तपोमय ईश्वर! मेरे (पादयोः) पैरों में (पुनातु) पवित्रता प्रदान कीजिए।

(ओं सत्यंः) हे सत्यस्वरूप ईश्वर! (पुनः) मेरे (शिरसि) शिर में (पुनातु) पवित्रता प्रदान कीजिए।

(ओं खं ब्रह्म) हे सर्वत्रव्यापक ईश्वर! मुझे (सर्वत्र) चारों ओर से (पुनातु) पवित्र कीजिए।

O God, the embodiment of life force, bless my head with purity.

O God, the dispeller of miseries, purify my vision.

O God, the source of happiness, purify my speech.

O great God purify my heart.

O God, the creator of the whole universe, purify my naval.

O God, the embodiment of creation, purify my legs.

O God, the embodiment of truth, purify my head.

O Omnipresent God, purify my whole body.

Instructions:

1. After reciting these mantras, perform three Prāṇāyāmas (breath control exercises).

2. Take a deep breath and hold it for a minute or so.

3. Breathe out and hold it outside for a minute or two.

4. Repeat this exercise thrice.

Always keep your mind focused and meditate upon the meaning and significance of the mantras..

अथ प्राणायाममन्त्राः

Prāṇāyāma Mantras[8]

पुनः शास्त्रोक्त रीति से निम्नलिखित मन्त्रों के जप पूर्वक प्राणायाम की क्रिया करते जावें। इस रीति से कम से कम तीन और अधिक से अधिक 21 प्राणायाम करें।

ओं भूः। ओं भुवः। ओं स्वः। ओं महः। ओं जनः। ओं तपः। ओं सत्यम्।

Oṁ bhūḥ. Oṁ bhuvaḥ. Oṁ svaḥ. Oṁ mahaḥ.
Oṁ janaḥ. Oṁ tapaḥ. Oṁ satyam.

अर्थ- (ओं भूः) हे परमात्मन्! आप प्राणस्वरूप हैं! (ओं भुवः) आप दुःखहर्त्ता हैं। (ओं स्वः) आप सुखस्वरूप हैं। (ओं महः) आप महान् हैं। (ओं जनः) आप सकल जगत् के उत्पन्न करने वाले हैं। (ओं तपः) आप तपोमय हैं। (सृष्टि उत्पत्ति की प्रक्रिया का शास्त्रीय नाम तप है)। (ओं सत्यम्) आप सत्यस्वरूप हैं।

O God you are the embodiment of life force, you are dispeller of miseries, and source of happiness. You are great and creator of the whole universe. You are the embodiment of creation. (Tapa is the technical term signifying process of creation). You are the embodiment of truth.

---

8 Control of breath leads to control of mind. Since Sandhyā and Havana yajña require concentration of mind, so Prāṇāyama is prescribed before carrying out Sandhyā and Havana yajña.

अथाघमर्षणमन्त्राः

Mantras for exoneration of immoral acts

ओम् ऋतं च सत्यं चाभीद्धात्तपसोऽध्यजायत ।

ततो रात्र्यजायत ततः समुद्रो अर्णवः ॥ ऋ. 10.190.1

Om ṛtaṁ ca satyaṁ cābhīddhāt tapaso'dhyajāyata. tato rātryajāyata tataḥ samudro arṇavaḥ.

अर्थ- (अभीद्धात् तपसः) सूर्य के दीप्त मंडल से पैदा होकर पृथ्वी पिंड (ऋतं) अक्ष भ्रमण (च) और (सत्यं) सूर्य परिभ्रमण करने लगी। (ततः) तदनन्तर पृथ्वी का अपना प्रकाश समाप्त हो गया अतः पृथ्विी पर (रात्री) रात्री (अजायत) का उदय हुआ (ततः) उसके बाद (समुद्रः) अन्तरिक्ष में (अर्णवः) भूलोक का वायुमंडल बना।

Owing its origin to the highly effulgent sun, the earth, being smaller in size (ऋतम्), started rotating around its axis and (सत्यम्) revolving around the sun. (ततः) When it cooled down and lost its own light, (रात्री अजायत्) the phenomenon of darkness prevailed over it (ततः) followed by (समुद्रो अर्णवः) the formation of the magnetosphere of the earth.

ओं समुद्रादर्णवादधि संवत्सरो अजायत ।

अहोरात्राणि विदधद्विश्वस्य मिषतो वशी ॥ ऋ. 10.190.2

Oṁ samudrādarṇavādadhi saṁvatsaro ajāyata; ahorātrāṇi vidadhadviśvasya miṣato vaśī.

अर्थ- (अर्णवात्) पार्थिव (समुद्रात्) वायुमंडल की उत्पत्ति के (अधि) अनन्तर (संवत्सरः) भूलोक पर प्रजा अथवा जीवन (अजायत) उत्पन्न हुआ। वायुमंडल से छन कर सूर्य के प्रकाश के पृथ्वी पर आने से पृथिवी ने (अहः) दिन और (रात्राणि) रात्रियों को (विदधत्) धारण किया। रात और दिन के बनने की यह प्रक्रिया मानो (विश्वस्य) विश्व के सब प्राणियों के (मिषतो वशी) आँख खोलने

और बन्द करने जैसी है।

(अधि) After (समुद्राद् अर्णवाद्) the formation of magnetosphere, (संवत्सरः) life (अजायत) sprang on the earth. It started receiving the infrared light of the sun through its magnetosphere, and (अहोरात्राणि) days and nights (विदधत्) were formed (मिषतो वशी) which were like blinking eyes (विश्वस्य) of the entire animate world on the earth.

सूर्य्याचन्द्रमसौ धाता यथापूर्वमकल्पयत्।
दिवं च पृथिवीं चान्तरिक्षमथो स्वः ॥ 3 ॥ ऋ. 10.190.3

sūryyācandramasau dhātā yathāpūrvam akalpayat.
divaṁ ca pṛthivīṁ cāntarikṣam atho svaḥ.

अर्थ- (धाता) ईश्वर की धारणा शक्ति ने (दिवम्) द्यौ लोक को; (सूर्य्याचन्द्रमसौ) सूर्य, चन्द्र (च) तथा (पृथिवीम्) पृथ्वीलोक को; (अन्तरिक्षम्) पृथ्वी के वायुमंडल को (अथ च) और (स्वः) सूर्य के वायुमंडल को (अकल्पयत्) वैसे ही बनाया (यथापूर्वम्) जैसे पहले की सौर निहारिकाओं ने अपने सौरमंडल बनाए।

(धाता) Īśvara's law of sustenance of creation (अकल्पयत्) formed (दिवम्) celestial sphere (सूर्याचन्द्रमसौ) sun, moon and (पृथिवीम्) the earth (अन्तरिक्षम्) magnetosphere of the earth (अथ) and (स्वः) magnetic field of the sun of our solar system (यथापूर्वम्) in the same manner as Solar nebulas of previous solar systems.

अथाचमनमन्त्रः

Mantra for sipping water[9]

निम्न मन्त्र को बोल कर फिर आचमन करें।

Chant the following mantra and sip water once again

ओं शन्नो देवीरभिष्टय आपो भवन्तु पीतये।

शंयोरभिस्रवन्तु नः ॥ ऋ. 10.9.4

Oṁ śanno devīr abhiṣṭaya āpo bhavantu pītaye.
saṁyor abhisravantu naḥ.

अर्थ- (ओं) हे ईश्वर (देवीः) ये वर्षा से प्राप्त होने वाले (आपः) जल (नः) हमारे (पीतये) पीने लायक तथा (अभिष्टये) अभीष्ट की सिद्धि करने वाले हों (शं) शान्ति और सुख देने वाले तथा हों। ये सब जल (नः) हमारी (शंयोः) सुख और शान्ति के लिए (अभिस्रवन्तु) चारों ओर बहें। (बाढ इत्यादि से तबाही न मचायें, ऐसा अभिप्राय समझना चाहिए)।

May God these rainy waters fulfil our needs and desires and be calm, tranquil and potable. Let all these waters flow for our happiness and prosperity.

---

[9] Significance of sipping waters has already been mentioned.

अथ मनसापरिक्रमामन्त्राः

Mantras for Mental Circumambulation of the Universe

निम्न मन्त्रों को पढते जायें और अपने मन से चारों ओर बाहर-भीतर परमात्मा को पूर्ण जानकर निर्भय, निःशंक, उत्साही, आनन्दित तथा पुरुषार्थी रहें। निम्न मन्त्र सृष्टि प्रक्रिया के विभिन्न पडावों पर प्रकाश डालते हैं।

Chant the following mantras and feel the almighty's presence so that you may be fearless, invigorating, blissful and adventurous. The below-given mantras have been written with the Indian continent in mind. The Indian continent is surrounded by snow-clad mountains in the North, known as Soma; it is surrounded by sea in the West, known as Varuṇa; The rising Sun in the East is known as Agni. The Southern direction is dominated by monsoons known as Indra. The expanse of the universe is the governor of the upper regions of space, and Viṣṇu (geothermal energy) is the governor of the earth's core.

ओं प्राची दिगग्निरधिपतिरसितो रक्षितादित्या इषवः। तेभ्यो नमोऽधिपतिभ्यो नमो रक्षितृभ्यो नम इषुभ्यो नम एभ्यो अस्तु। योऽस्मान् द्वेष्टि यं वयं द्विष्मस्तं वो जम्भे दध्मः॥ अ. 3.27.1

Oṁ prācī digagnir adhipatir asito rakṣitādityā iṣavaḥ. tebhyo namo'dhipatibhyo namo rakṣitṛbhyo nama iṣubhyo nama ebhyo astu. yo'smān dveṣṭi yaṁ vayaṁ dviṣmas taṁ vo jambhe dadhmaḥ.

अर्थ- (अग्निः) सूर्य से प्राप्त ऊर्जा (प्राची दिग्) पूर्व दिशा का (अधिपतिः) अधिपति है। (असितः) सूर्य (रक्षिता) उसकी रक्षा का कार्य करता है। (आदित्याः) प्रकाश कण उसके (इषवः) बाण हैं । (तेभ्यः अधिपतिभ्यः नमः) पूर्व दिशा के उन सब अधिपतियों को नमस्कार। (एभ्यः रक्षितृभ्यः नमः) इन

रक्षकों को नमस्कार। (इषुभ्यः नमः) इषुओं को नमस्कार (अस्तु) हो। (यः) जो (अस्मान्) हमसे (द्वेष्टि) द्वेष रखता है तथा (यं) जिससे (वयं) हम (द्विष्मः) द्वेष करते हैं (तं) उसको हम (वः) तुम्हारे न्याय रूपी (जम्भे) जबड़े में रखते हैं।

Solar energy is the governor of the East. Solar winds are its protector. Charged particles are the arrows. Salutations to all the governors of the East. Salutations to the protectors. Let us place him who offends us, or whom we offend, in your gracious Justice.

ओं दक्षिणा दिगिन्द्रोऽधिपतिस्तिरश्चिराजी रक्षिता पितर इषवः। तेभ्यो नमोऽधिपतिभ्यो नमो रक्षितृभ्यो नम इषुभ्यो नम एभ्यो अस्तु। योऽस्मान् द्वेष्टि यं वयं द्विष्मस्तं वो जम्भे दध्मः॥ अ. 3.27.2

Oṁ dakṣiṇā digindro'dhipatistiraścirājī rakṣitā pitara iṣavaḥ. tebhyo namo'dhipatibhyo namo rakṣitṛibhyo nama iṣubhyo nama ebhyo astu. yo'smān dveṣṭi yaṁvayaṁ dviṣmastaṁ vo jambhe dadhmaḥ.

अर्थ- (दक्षिणा दिक्) दक्षिण दिशा का (अधिपतिः) अधिपति (इन्द्रः) मानसून है। (तिरश्चिराजी) मेघ पंक्तियां उसके (रक्षिता) रक्षक हैं। तिरोभाव को प्राप्त मेघ पितर कहलाते हैं। शतपथ ब्राह्मण के अनुसार - 'तिर एव पितरः'। पितरों को अग्निष्वात्ताः भी कहा गया है, जिससे अभिप्राय है मेघों के नष्ट होने में विद्युत् आवेश कारण है। ये (पितरः) तिरोभाव को प्राप्त मेघों से होने वाली वर्षा की बूंदें इन्द्र के ही (इषवः) बाण हैं। (तेभ्यः अधिपतिभ्यः नमः) उन सब अधिपतियों को नमस्कार। (एभ्यः रक्षितृभ्यः नमः) इन रक्षकों को नमस्कार। (इषुभ्यः नमः) बाणों को नमस्कार (अस्तु) हो। (यः) जो (अस्मान्) हमसे (द्वेष्टि) द्वेष रखता है तथा (यं) जिससे (वयं) हम (द्विष्मः) द्वेष करते हैं (तं) उसको हम (वः) तुम्हारे न्याय रूपी (जम्भे) जबड़े में रखते हैं।

The Monsoons govern the southern direction. Monsoon clouds are their protectors. Pitaras (discharging of clouds is named pitara in Vedic texts, according to the Ś.Br. 2.4.22.1, तिर एव पितरः. Pitaras are also called अग्निष्वात्ता charge eaters, as the discharging of clouds takes place due to a reaction between positively charged and negatively charged clouds. Raindrops are its arrows. Salutations to all the governors of the South. Salutations to the protectors. Let us place him who offends us, or whom we offend, in your gracious Justice.

ओं प्रतीची दिग्वरुणोऽधिपतिः पृदाकू रक्षितान्नमिषवः। तेभ्यो नमोऽधिपतिभ्यो नमो रक्षितृभ्यो नम इषुभ्यो नम एभ्यो अस्तु। योऽस्मान् द्वेष्टि यं वयं द्विष्मस्तं वो जम्भे दध्मः ॥ अ. 3.27.3

Oṁ pratīcī dig varuṇo'dhipatiḥ pṛdākū rakṣitānnam iṣavaḥ. tebhyo namo'dhipatibhyo namo rakṣitṛbhyo nama iṣubhyo nama ebhyo astu. yo'smān dveṣṭi yaṁ vayaṁ dviṣmastaṁ vo jambhe dadhmaḥ.

अर्थ- (वरुणः) वरुण अर्थात् समुद्र का जल (प्रतीची दिग्) पश्चिम दिशा का (अधिपतिः) अधिपति है। (पृदाकू) समुद्र का घोष अर्थात् शब्द उसका (रक्षिता) रक्षक है। (अन्नं) अन्न उसके (इषवः) बाण हैं। (तेभ्यः अधिपतिभ्यः नमः) पश्चिम दिशा के उन सब अधिपतियों को नमस्कार। (एभ्यः रक्षितृभ्यः नमः) इन रक्षकों को नमस्कार। (इषुभ्यः नमः) इषुओं को नमस्कार (अस्तु) हो। (यः) जो (अस्मान्) हमसे (द्वेष्टि) द्वेष रखता है तथा (यं) जिससे (वयं) हम (द्विष्मः) द्वेष करते हैं (तम्) उसको हम (वः) तुम्हारे न्याय रूपी (जम्भे) जबड़े में रखते हैं।

Varuṇa (western ocean) governs the West. Ocean sounds are its protector. Crops are arrows. Salutations to all the governors of the West. Salutations to the protector. Let us place him who offends us, or whom we offend, in your gracious Justice.

ओम् उदीची दिक् सोमोऽधिपतिः स्वजो रक्षिताऽशनिरिषवः। तेभ्यो नमोऽधिपतिभ्यो नमो रक्षितृभ्यो नम इषुभ्यो नम एभ्यो अस्तु। योऽस्मान् द्वेष्टि यं वयं द्विष्मस्तं वो जम्भे दध्मः ॥ ऋ. 3.27.4

Oṁ udīcī dik somo'dhipatiḥ svajo rakṣitāśanir iṣavaḥ. tebhyo namo'dhipatibhyo namo rakṣitṛbhyo nama iṣubhyo nama ebhyo astu. yo'smān dveṣṭi yaṁ vayaṁ dviṣmastaṁ vo jambhe dadhmaḥ.

अर्थ- (सोमः) हिमनद (उदीची दिग्) उत्तर दिशा का (अधिपतिः) अधिपति है। (स्वजः) हिमालय उसका (रक्षिता) रक्षक है। (अशनि) वज्र उसके (इषवः) बाण हैं। (तेभ्यः अधिपतिभ्यः नमः) उत्तर दिशा के उन सब अधिपतियों को नमस्कार। (एभ्यः रक्षितृभ्यः नमः) इन रक्षकों को नमस्कार। (इषुभ्यः नमः) इषुओं को नमस्कार (अस्तु) हो। (यः) जो (अस्मान्) हमसे (द्वेष्टि) द्वेष रखता है तथा (यं) जिससे (वयं) हम (द्विष्मः) द्वेष करते हैं (तम्) उसको हम (वः) तुम्हारे न्याय रूपी (जम्भे) जबड़े में रखते हैं।

Glaciers govern the North direction. Svaja, i.e. Himalayan mountain, is its protector. Thunderbolt is its arrows. Salutations to all the governors of the North. Salutations to those who protect us. Let us place him who offends us, or whom we offend, in your gracious Justice.

ओं ध्रुवा दिग्विष्णुरधिपतिः कल्माषग्रीवो रक्षिता वीरुध इषवः। तेभ्यो नमोऽधिपतिभ्यो नमो रक्षितृभ्यो नम इषुभ्यो नम एभ्यो अस्तु। योऽस्मान् द्वेष्टि यं वयं द्विष्मस्तं वो जम्भे दध्मः ॥ ऋ. 3.27.5

Oṁ dhruvā dig viṣṇur adhipatiḥ kalmāṣagrīvo rakṣitā virudha iṣavaḥ tebhyo namo'dhipatibhyo namo rakṣitṛbhyo nama iṣubhyo nama ebhyo astu. yo'smān dveṣṭi yaṁ vayaṁ dviṣmastaṁ vo jambhe dadhmaḥ.

अर्थ- (ध्रुवा दिग्) नीचे की दिशा का (अधिपतिः) अधिपति (विष्णु) भूगर्भीर्य ऊर्जा है। (कल्माषग्रीवः) काली ग्रीवा वाला लावा उसका (रक्षिता) रक्षक है। (वीरुध) वृक्ष और लताएँ उसके (इषवः) बाण हैं। (तेभ्यः अधिपतिभ्यः नमः) निचली दिशा के उन सब अधिपतियों को नमस्कार। (एभ्यः रक्षितृभ्यः नमः) इन रक्षकों को नमस्कार। (इषुभ्यः नमः) इषुओं को नमस्कार (अस्तु) हो। (यः) जो (अस्मान्) हमसे (द्वेष्टि) द्वेष रखता है तथा (यं) जिससे (वयं) हम (द्विष्मः) द्वेष करते हैं (तम्) उसको हम (वः) तुम्हारे न्याय रूपी (जम्भे) जबड़े में रखते हैं।

Dhruvā dik (lower region) is governed by Viṣṇu, i.e.

geothermal energy. Kalmāṣa Griva, i.e. lava, is the protector of it. Trees and creepers are its arrows. Salutations to all the governors of the stability of the universe. Salutations to those who protect it. Let us place him who offends us, or whom we offend, in your gracious Justice.

ओम् ऊर्ध्वा दिग् बृहस्पतिरधिपतिः श्वित्रो रक्षिता वर्षमिषवः। तेभ्यो नमोऽधिपतिभ्यो नमो रक्षितृभ्यो नम इषुभ्यो नम एभ्यो अस्तु। योऽस्मान् द्वेष्टि यं वयं द्विष्मस्तं वो जम्भे दध्मः॥ अ. 3.27.6

Om ūrdhvā dig bṛhaspatiradhipatiḥ śvitro rakṣitā varṣamiṣavaḥ I tebhyo namo'dhipatibhyo namo rakṣitṛbhyo nama iṣubhyo nama ēbhyo astu. yo'smān dveṣṭi yaṁ vayaṁ dviṣmastaṁ vo jambhe dadhmaḥ II 6 II

अर्थ- (बृहस्पतिः) विस्तारवान् ब्रह्माण्ड (ऊर्ध्वा दिग्) ऊर्ध्व दिशा का (अधिपतिः) अधिपति है। (श्वित्रः) पार्थिव कणों की निरन्तर उत्पत्ति इसकी (रक्षिता) रक्षा करती है। (वर्षम्) जैविक जीवन की वर्षा अर्थात् वृद्धि इसके (इषवः) बाण हैं। (तेभ्यः अधिपतिभ्यः नमः) ऊर्ध्व दिशा के उन सब अधिपतियों को नमस्कार। (एभ्यः रक्षितृभ्यः नमः) इन रक्षकों को नमस्कार। (इषुभ्यः नमः) इसके बाणों को नमस्कार (अस्तु) हो। (यः) जो (अस्मान्) हमसे (द्वेष्टि) द्वेष रखता है तथा (यं) जिससे (वयं) हम (द्विष्मः) द्वेष करते हैं (तं) उसको हम (वः) तुम्हारे न्याय रूपी (जम्भे) जबड़े में रखते हैं।

Urdhvā dik (upper region) is dominated by Bṛhaspati, the expanding universe. Śvitra, i.e. continuous creation of matter protects this expansion of the universe. Varṣa, i.e., the origin of biological life is its result. Salutations to all the governors of the expanding universe. Salutations to those who protect it. Let us place him who offends us, or whom we offend, in your gracious Justice.

अथोपस्थानमन्त्राः

Mantras to experience proximity to God

अब परमात्मा का उपस्थान अर्थात् परमेश्वर के निकट मैं और परमेश्वर मेरे निकट है ऐसी बुद्धि करके-

ओम् उद्वयं तमसस्परि स्वः पश्यन्त उत्तरम् ।

देवं देवत्रा सूर्यमगन्म ज्योतिरुत्तमम् ॥ 1 ॥ ऋ. 1.50.10; यजु. 35.14

Om udvayaṁ tamasaspari svaḥ paśyanta uttaram;
devaṁ devatrā sūryamaganma jyotiruttamam.

अर्थ- जिस प्रकार (वयम्) हम (स्वः) स्वयं प्रकाशित (सूर्यम्) सूर्य को (पश्यन्त) देखकर (तमसः) अन्धकार को पार कर (उत्तरम्) श्रेष्ठ (ज्योतिः) प्रकाश को (परि उत् अगन्म) सब और से प्राप्त करते हैं। उसी प्रकार (देवत्रा) देवों के (देवं) देव आप का (पश्यन्त) साक्षात् कर (उत्तमम्) उत्तम (ज्योतिः) ज्ञान रूपी प्रकाश को सब और से प्राप्त करें।

Just as we receive light from all sides upon having a glimpse of self-luminous Sun and transcend darkness, similarly having realized you, O God of gods, let us become enlightened and transcend the darkness of ignorance.

ओम् उदुत्यं जातवेदसं देवं वहन्ति केतवः ।

दृशे विश्वाय सूर्यम् ॥ 2 ॥ ऋ. 1.50.1; यजु. 33.31

Om udutyaṁ jātavedasaṁ devaṁ vahanti ketavaḥ;
dṛśe viśvāya sūryam.

अर्थ- जिस प्रकार (जातवेदसं) उत्पन्न सब पदार्थों को प्रकाश में लाने वाले (देवं) दिव्य प्रकाश युक्त (सूर्यम्) सूर्य को (विश्वाय) विश्व के (दृशे) बोधार्थ (केतवः) किरणें (उद् वहन्ति) धारण करती हैं। उसी प्रकार (त्यम्) उस (जातवेदसं) उत्पन्न सब पदाथोंर् में विद्यमान (देवं) प्रकाशस्वरूप परमेश्वर को

(विश्वाय) सब लागों के (दृशे) साक्षात् हेतु (केतवः) ज्ञान की किरणें (उद् वहन्ति) धारण करती हैं।

भाव यह है कि जिस प्रकार सूर्य का बोध उसकी किरणों के माध्यम से होता है उसी प्रकार ईश्वर का बोध ज्ञान रूपी किरणों के माध्यम से होता है।

Just as Sun becomes visible and makes all things visible by its rays, similarly it is the knowledge that makes seekers realize God.

ओं चित्रं देवानामुदगादनीकं चक्षुर्मित्रस्य वरुणस्याग्नेः। आ प्रा द्यावापृथिवी अन्तरिक्षꣳ सूर्य आत्मा जगतस्तस्थुषश्च स्वाहा॥

ऋ. 1.115.1; यजु. 7.42

Oṁ chitraṁ devānāmudagādanīkaṁ chakṣurmitrasya varuṇasyāgneḥ; ā prā dyāvāpṛthivī antarikṣaꣳ sūrya ātmā jagatastasthuṣaścha svāhā.

अर्थ- (अग्नेः) सूर्य की (देवानां) किरणों का (चित्रम्) अद्भुत (अनीकं) समूह (उद् अगात्) उदय हो गया है। यह (मित्रस्य) सूर्योदय और (वरुणस्य) सूर्यास्त के (चक्षुः) चक्षुरूप है, अर्थात् सूर्योदय और सूर्यास्त का बोध सूर्य की किरणों से ही होता है। ये किरणें (द्यावा) द्युलोक (पृथिवी) पृथिवीलोक और (अन्तरिक्षं) अन्तरिक्ष लोक में (आप्रा) व्याप्त होकर स्थित हैं। (सूर्यः) सूर्य सब (तस्थुषः) स्थावर और (जगतः) जंगम पदाथोंर् की (आत्मा) आत्मा है। कहने का तात्पर्य है कि सूर्य के विना स्थावर और जंगम पदार्थों का अस्तित्व सम्भव नही है।

The incredible sunrays have risen on the horizon. This sunlight or electromagnetic waves of the Sun are the eyes of sunrise and sunset. The concept of sunrise and sunset is made known by sun rays only. They have pervaded the Earth, its magnetosphere and the sky. The Sun is the soul of moveable and immovable objects of this universe.

ओं तच्चक्षुर्देवहितं पुरस्ताच्छुक्रमुच्चरत्। पश्येम शरदः शतं जीवेम शरदः शतꣳ श्रृणुयाम शरदः शतं प्रब्रवाम शरदः शतमदीनाः स्याम

शरदः शतं भूयश्च शरदः शतात् ॥ ऋ. 7.66.16; यजु. 36.24

Oṁ tachchakṣurdevahitaṁ purastāchchhukramuchcharat; paśyema śaradaḥ śataṁ jīvema śaradaḥ śataꣳ śṛṇuyāma śaradaḥ śataṁ prabravāma śaradaḥ śatamadīnāḥ syāma śaradaḥ śataṁ bhūyaścha śaradaḥ śatāt .

अर्थ- (ओं) हे ईश्वर! आप (देवहितं) विद्वानों को हितकारक (चक्षुः) रास्ता दिखाने वाले हैं। हम आपके (तत्) उस (शुक्रम्) शुद्ध (उच्चरत्) नामके उच्चारण (पुरस्तात्) पूर्वक (शरदः शतम्) सौ वर्ष तक (पश्येम) देखें। (शरदः शतम्) सौ वर्ष तक (जीवेम) जीयें। (शरदः शतम्) सौ वर्ष तक (शृणुयाम) सुनें। (शरदः शतम्) सौ वर्ष तक (प्रब्रवाम) संभाषणादि करते रहें। (शरदः शतं) सौ वर्ष तक (अदीनाः) किसी के सामने दीन हीन न (स्याम) बनें। (भूयः च) पुनः अगले जन्म में भी (शरदः शतात्) सौ वर्ष तक जीयें।

वि.मन्तव्यः वैदिक युग में शरद ऋतु से ही वर्ष का प्रारम्भ होता था। अतः प्रस्तुत मन्त्र में 'शरदः शतम्' शब्द का प्रयोग किया गया है, जिसका शाब्दिक अर्थ है 'सौ शरद ऋतुओं तक'।

O, God! You are the lighthouse for seekers. Let us see for hundred years, live for hundred years, hear for hundred years chanting your divine name. Let us not live in misery in the life span of hundred years. Let us live for another hundred years in the next life.

NB: During the Vedic period, the years commenced with the Śarada Ṛtu i.e. the winter season. That is why the mantra uses the words '*Śaradaḥ Śatam*' which literally means 'till hundred winter seasons'.

अथ गायत्रीमन्त्रः

Gāyatrī Mantra

ओं भूर्भुवः स्वः। तत्सवितुर्वरेण्यं भर्गो देवस्य धीमहि। धियो यो नः प्रचोदयात्॥ ऋ. 3.62.10; यजु. 36.3

Oṁ bhūr bhuvaḥ svaḥ. Tat savitur vareṇyaṁ bhargo devasya dhīmahi. dhiyo yo naḥ pracodayāt.

अर्थ-ओम् (ईश्वर का मुख्य नाम) नामक परमेश्वर (भूः) स्वयं भी प्राणस्वरूप है तथा समस्त प्राणियों के प्राण का आधार है। (भुवः) स्वयं दुःख रहित है तथा अपने उपासकों के दुःख को भी दूर करने वाला है। (स्वः) स्वयं भी सुखस्वरूप है तथा अपने उपासकों को भी सुख देने वाला है।

हम (तत्) उस (सवितुः) सकल जगत् के उत्पादक (देवस्य) सूर्य आदि सब लोकों के प्रकाशक ईश्वर के (वरेण्यं) अति श्रेष्ठ ग्रहण और ध्यान करने योग्य (भर्गः) सब क्लेशों को हरने वाले शुद्ध स्वरूप का (धीमहि) ध्यान करें। ताकि (यः) वह ईश्वर (नः) हमारी (धियः) बुद्धियों को (प्रचोदयात्) अच्छे कार्यों में प्रवृत्त करे।

[Meaning] O God, known by the name of Om, You are the embodiment of life and source of life for all creatures. Being free from all miseries, You dispel the miseries of your devotees. You are the embodiment of bliss, and give bliss and tranquillity to Your devotees.

Let us meditate upon your pure self, which is worthy of meditation and dispeller of all miseries. You are the creator of the universe, the illuminator of all stars. May you guide us to the righteous path.

अथ समर्पणम्

Surrender to God

हे ईश्वर दयानिधे! भवत्कृपयाऽनेन जपोपासनादिकर्मणा धर्मार्थकाममोक्षाणां सद्यः सिद्धिर्भवेन्नः ॥

He īśvara dayānidhe! Bhavat kṛpayā'nena japopāsanādikarmaṇā dharmārtha kāma-mokṣāṇāṁ sadyaḥ siddhir bhaven naḥ

अर्थ-(हे) हे (दयानिधे) दयालु (ईश्वर) परमात्मन्! (भवत्) आपकी (कृपया) कृपा से (अनेन) इस (जपोपासनादिकर्मणा) जप-उपासनादि कर्मों द्वारा (नः) हमें (सद्यः) शीघ्र ही (धर्म-अर्थ-काम-मोक्षाणां) धर्म, अर्थ, काम, और मोक्ष की (सिद्धिः) प्राप्ति (भवेत्) होवे।

O Benevolent Brahman, may we, by your grace, soon attain success in the achievement of dharma, kāma, artha and mokṣa through your devotion and prayers.

अथ नमस्कारमन्त्रः

Mantra for Salutation

ओं नमः शम्भवाय च मयोभवाय च नमः शंकराय च मयस्कराय च नमः शिवाय च शिवतराय च॥ य. 16.41

Oṁ namaḥ śambhavāya ca mayobhavāya ca namaḥ śaṁkarāya ca mayaskarāya ca namaḥ śivāya ca śivatarāya ca. Oṁ śāntiḥ śāntiḥ śāntiḥ.

अर्थ- (ओं) ओम् नाम वाचक (शम्भवाय) आनन्दमय परमेश्वर को (नमः) नमन। (मयोभवाय च) संसार के उत्तम सुखों को देने वाले परमेश्वर को (नमः) नमन। (शंकराय च) समृद्धि देने वाले परमेश्वर को (नमः) नमन। (मयस्कराय च) सब प्राणियों को सुख पहुँचाने वाले परमेश्वर को नमन। (शिवाय च) कल्याणकारी (च) और (शिवतराय) अत्यन्त मंगलकारी परमेश्वर को नमन।

Salutations to Brahman of divine bliss, named Om. Salutations to the source of happiness. You are the bestower of prosperity, well-being and auspiciousness to all.

ओं शान्तिः शान्तिः शान्तिः ॥

Peace! Peace! Peace

इति सन्ध्योपासनविधिः

अथेश्वर-स्तुति-प्रार्थनोपासनामन्त्राः

Mantras for Eulogy, Prayer and Worship of God

ओं विश्वानि देव सवितर्दुरितानि परा सुव। यद् भद्रं तन्न आ सुव॥

यजु. 30.3

Oṁ viśvāni deva savitar duritāni parāsuva. yad bhadraṁ tanna āsuva.

हे (सवितः) सकल जगत् के उत्पत्तिकर्त्ता समग्र ऐश्वर्ययुक्त (देव) शुद्धस्वरूप, सब सुखों के दाता परमेश्वर! आप कृपा करके (नः) हमारे (विश्वानि) संपूर्ण (दुरितानि) दुर्गुण, दुर्व्यसन और दुःखों को (परासुव) दूर कीजिए। (यत्) जो (भद्रम्) कल्याणकारक गुण, कर्म, स्वभाव और पदार्थ हैं, (तत्) वे सब हमको (आ सुव) प्राप्त कराइए।

O God, O Radiant Divinity, Creator of the Universe, Pure, Bestower of happiness and bliss, may You keep us away from all vices, misfortune and distress; confer upon us all that is beneficial by virtue of its properties, nature, action.

ओं हिरण्यगर्भः समवर्त्तताग्रे भूतस्य जातः पतिरेक आसीत्। स दाधार पृथिवीं द्यामुतेमां कस्मै देवाय हविषा विधेम॥

ऋ. 10.121.1; यजु. 13.4

Oṁ hiraṇyagarbhaḥ samavarttatāgre bhūtasya jātaḥ patireka āsīt. sa dādhāra pṛthivīṁ dyām utemāṁ kasmai devāya haviṣā vidhema.

जो (हिरण्यगर्भः) हिरण्यगर्भ अर्थात् ऊर्जा को अपने गर्भ में धारण करता है (अग्रे) जो सब जगत् के उत्पन्न होने से पूर्व (समवर्तत) वर्तमान था। (भूतस्य) उत्पन्न हुए सम्पूर्ण जगत् का (जातः) प्रसिद्ध (एकः) अकेला (पतिः) स्वामी (आसीत्) था। जो (सः) वह (इमाम्) इस (पृथिवीम्) भूलोक (उत) और (द्याम्) द्युलोक को (दाधार) धारण कर रहा है, हम लोग उस (कस्मै) सुखस्वरूप

(देवाय) शुद्ध परमात्मा की (हविषा) योगाभ्यास और अतिप्रेम से विशेष भक्ति किया करें।

Unto him, who possessing energy in His womb, existed even before the origin of this visible universe; unto him, who was the single Master of entire originated world; unto him who sustains this earth and sun, do we offer worship, in love through the practice of Yoga.

ओं य आत्मदा बलदा यस्य विश्व उपासते प्रशिषं यस्य देवाः। यस्यच्छायाऽमृतं यस्य मृत्युः कस्मै देवाय हविषा विधेम॥ यजु. 25.13

Oṁ ya ātmadā baladā yasya viśva upāsate praśiṣaṁ yasya devāḥ. yasyacchāyā'mṛtaṁ yasya mṛtyuḥ kasmai devāya haviṣā vidhema.

(यः) जो सृष्टि के आरम्भ में (आत्मदाः) आत्माओं के कर्मानुसार जन्म लेने कं लिए मुक्त करता है। जो (बलदाः) भौतिक सृष्टि की रचना के लिए सृष्टि के आरम्भ उर्जा को सक्रिय करता है, (यस्य) जिसकी (प्रशिषम्) प्रत्यक्ष सत्यस्वरूप शासन, न्याय अर्थात् शिक्षा को (विश्वे) सब (देवाः) विद्वान् लोग (उपासते) पालन करते हैं। (यस्य) जिसका (छाया) आश्रय ही (अमृतम्) मोक्ष सुखदायक है, (यस्य) जिसका आश्रय न पाना ही (मृत्युः) मृत्यु आदि दुःख का हेतु है, हम लोग उस (कस्मै) सुखस्वरूप (देवाय) सकल ज्ञान के देने हारे परमात्मा की प्राप्ति के लिए (हविषा) आत्मा और अन्तःकरण से (विधेम) भक्ति करें।

Unto Him, who releases ātmans at the beginning of the creation to take birth according to their karmas; who activates the energy for the creation of the material world; unto Him, whose commands, directions and justice are worshipped, adored and obeyed by all scholars; unto Him, whose refuge provides emancipation, and desertion causes mortality; unto Him, the Blissful One and All-knowing, do we offer our worship from the core of our heart and soul.

ओं यः प्राणतो निमिषतो महित्वैक इद्राजा जगतो बभूव। य ईशे अस्य द्विपदश्चतुष्पदः कस्मै देवाय हविषा विधेम॥ यजु. 23.3

Oṁ yaḥ prāṇato nimiṣato mahitvaika idrājā jagato babhūva. ya īśe asya dvipadaś catuṣpadaḥ kasmai devāya haviṣā vidhema.

(यः) जो (प्राणतः) प्राण वाले और (निमिषतः) नेत्र झपकने वाले सजीव (जगतः) जगत् का (महित्वा) अपने महान् सामर्थ्य से (एक इत्) एक ही (राजा) (बभूव) राजा है, (यः) जो (अस्य) इन (द्विपदः) दोपाये मनुष्यादि और (चतुष्पदः) चौपाये गौ आदि प्राणियों का (ईशे) स्वामी है, हम उस (कस्मै) सुखस्वरूप (देवाय) सकल ऐश्वर्य के देने हारे परमात्मा की प्राप्ति के लिए (हविषा) आत्मा और अन्तःकरण से (विधेम) भक्ति करें।

Unto Him, who, in His infinite capacity, is the single Lord of all things— living and non-living; unto Him, who Rules this biped and quadruped creation; unto Him, the Blissful One, do we offer our worship from the core of our heart and soul.

ओं येन द्यौरुग्रा पृथिवी च दृढा येन स्वः स्तभितं येन नाकः। यो अन्तरिक्षे रजसो विमानः कस्मै देवाय हविषा विधेम ॥ यजु. 32.6

Oṁ yena dyaur ugrā pṛthivī ca dṛḍhā yena svaḥ stabhitaṁ yena nākaḥ. yo antarikṣe rajaso vimānaḥ kasmai devāya haviṣā vidhema.

(येन) जिस परमात्मा ने (द्यौः) द्युलोक को बनाया (च) और (पृथिवी) पृथ्वी लोक की (उग्रा) उग्र अवस्था को (दृढा) स्थिर किया, (येन) जिस जगदीश्वर ने (स्वः) सुख के रूप को (स्तभितम्) स्थिर किया, और (येन) जिसने (नाकः) दुःखरहित मोक्ष के रूप को बनाया, (यः) जो (अन्तरिक्षे) आकाश में (रजसः) सब रजकणों और बृहत् लोकों का निर्माण कर उन्हें (विमानः) उडने वाले पक्षियों की तरह घुमाता है। हम लोग उस (कस्मै) सुखस्वरूप (देवाय) सकल ऐश्वर्य के देने हारे परमात्मा की प्राप्ति के लिए (हविषा) आत्मा और अन्तःकरण से (विधेम) भक्ति करें।

Unto Him, who created the sun and stabilized the

turbulent state of earth; unto Him who defined the nature of happiness; Who made the provision of Mokṣa where there is no pain or suffering; unto Him, who creates all matter particles, anti-particles and heavenly bodies in space and rotates them like flying birds; unto Him, the Blissful One, do we offer our worship from the core of our hearts and souls.

ओं प्रजापते न त्वदेतान्यन्यो विश्वा जातानि परि ता बभूव। यत्कामास्ते जुहुमस्तन्नो अस्तु वयं स्याम पतयो रयीणाम् ॥ ऋ. 10.121.10

Oṁ prajāpate na tvadetānyanyo viśvā jātāni pari tā bahūva. yat kāmāste juhumas tanno astu vayaṁ syāma patayo rayīṇām.

हे (प्रजापते) सब प्रजा के स्वामी परमात्मा! (त्वत्) आप से (अन्यः) भिन्न दूसरा कोई (ता) उन (एतानि) इन (विश्वा) सब (जातानि) उत्पन्न हुए जड चेतनादिकों का (परि ता) तिरस्कार (न) नहीं (बभूव) कर सकता है, अर्थात् आप सर्वोपरि हैं। (यत्कामाः) जिस जिस पदार्थ की कामना वाले होके हम लोग (ते) आपकी (जुहुमः) भक्ति करें, (तत्) वह कामना (नः) हमारी सिद्ध (अस्तु) होवे। (वयम्) हम लोग (रयीणाम्) धनैश्वर्यों के (पतयः) स्वामी (स्याम) होवें।

O Master of all Beings, no one but You can surpass this living and non-living world.

You are supreme. Grant us wishes that we desire while offering oblations in Your name. May we, by your grace, be the masters of all earthly and heavenly riches.

ओं स नो बन्धुर्जनिता स विधाता धामानि वेद भुवनानि विश्वा। यत्र देवा अमृतमानशानास्तृतीये धामन्नध्यैरयन्त ॥ यजु. 32.10

Oṁ sa no bandhur janitā sa vidhātā dhāmāni veda bhuvanāni viśvā. yatra devā amṛtam ānaśānās tṛtīye dhāmann adhyair yanta.

हे मनुष्यो! (सः) वह परमात्मा (नः) हम लोगों को (बन्धुः) भ्राता के समान

सुखदायक और (जनिता) उत्पन्न करने वाला है। (सः) वह (विधाता) इस सृष्टि के विधान का निर्माता है। वह (विश्वा) सब (भुवनानि) 14 भुवनों को और (धामानि) तीनों लोकों को (वेद) जानता है (यत्र) जिन तीन लोकों के (तृतीये) तीसरे (धामन्) लोक में (अमृतम्) अमृतत्व को (आनशानाः) प्राप्त (देवाः) पार्थिव कण (अध्यैरयन्त) ऊर्जा के रूप में विद्यमान रहते हैं। अथवा मोक्ष के अधिकारी योगी निवास करते हैं।

He is a benefactor like our brother, the One Creator, the One Who makes the constitution of this creation. He knows all the 14 worlds and three spaces, of which the third one, the Brahmākāśa, holds energy particles in their immortal (inactive or dark) form or the yogis in Mokṣa.

ओम् अग्ने नय सुपथा रायेऽअस्मान् विश्वानि देव वयुनानि विद्वान्।
युयोध्यस्मज्जुहुराणमेनो भूयिष्ठां ते नम उक्तिं विधेम ॥ यजु. 40.16

Om agne naya supathā rāye asmān viśvāni deva vayunāni vidvān. Yuyodhyasmaj juhurāṇam eno bhūyiṣṭhāṁ te nama uktiaṁ vidhema.

हे (अग्ने) स्वप्रकाश, ज्ञानस्वरूप सब जगत् के प्रकाश करने हारे (देव) सकल सुखदाता परमेश्वर! आप (अस्मान्) हम लोगों को (राये) विज्ञान वा राज्यादि ऐश्वर्य की प्राप्ति के लिए (सुपथा) अच्छे धर्मयुक्त आप्त लोगों के मार्ग से (नय) ले चलें। आप हमारे (विश्वानि) सम्पूर्ण (वयुनानि) कर्मों को (विद्वान्) जानते हैं। अतः (अस्मत्) हम से (जुहुराणम्) कुटिलतायुक्त (एनः) पापरूप कर्म को (युयोधि) दूर कीजिए। हम (ते) आपकी (भूयिष्ठाम्) अधिकाधिक (नमः उक्तिं) स्तुति (विधेम) करें और सर्वदा आनन्द में रहें।

O Self-effulgent, the embodiment of knowledge and illuminator of the whole universe, lead us unto the Path of wise and righteous people so that we may excel in scientific pursuits and be blessed with material and spiritual riches. You are keeping a close vigil on our activities, so keep us away from all immoral and criminal acts. Let us offer plentiful prayers and live a life of bliss.

अथ स्वस्तिवाचनम्

Prayer for Well-being

ओम् अग्निमीळे पुरोहितं यज्ञस्य देवमृत्विजम्। होतारं रत्नधातमम् ॥

ऋ. 1.1.1

Om agnim īḷe purohitaṁ yajñasya devam ṛtvijam. hotāraṁ ratna-dhātamam.

आध्यात्मिक अर्थः मैं (यज्ञस्य) सृष्टि उत्पत्ति रूपी यज्ञ के (पुरोहितम्) निमित्त कारण (ऋत्विजम्) उचित समय पर सृष्टि यज्ञ को सम्पन्न करने वाले (होतारम्) विभिन्न प्राकृतिक शक्तियों के जनक (देवम्) देदीप्यमान (अग्निम्) ब्रह्म की (ईडे) स्तुति करता हूँ जो कि (रत्नधातमम्) दिव्य गुणों को धारण किये हुये है।

वैज्ञानिक अर्थः मैं (यज्ञस्य) पृथिवी पर सृष्टि यज्ञ के (पुरोहितम्) अग्रणी (ऋत्विजम्) उचित समय पर सृष्टि यज्ञ को करने वाले (होतारम्) होता (देवम्) दिव्य (अग्निम्) भूगर्भीय ऊर्जा की (ईडे) प्रशंसा करता हूँ जिसके कारण पृथिवी अपने गर्भ में (रत्नधातमम्) दिव्य रत्नों को धारण किये हुये है॥ 1॥

Spiritual meaning: I invoke Agni [Almighty Brahman], who is the forerunner of entire process of creation, highly effulgent, creator of different things at different times, presenter or provider of several facilities and the possessor of precious traits.

Scientific meaning: I appreciate geothermal energy which is the forerunner of the entire process of creation on earth, which is like the hotā priest who performs the creation yajña on the earth at the proper time. Due to this geothermal energy, the Earth holds many precious stones in her womb.

ओं स नः पितेव सूनवेऽग्ने सूपायनो भव। सचस्वा नः स्वस्तये ॥

ऋ. 1.1.9

Oṁ sa naḥ piteva sūnave'gne sūpāyano bhava.

sacasvā naḥ svastaye.

(इव) जिस प्रकार (पिता) पिता (सूनवे) सन्तान के लिए (सूपायनः भव) सब अच्छे पदार्थों का ज्ञान प्राप्त कराने वाला (भव) होता है, उसी प्रकार (अग्ने) हे अग्नि स्वरूप परमेश्वर! (सः) वह आप (नः) हमें सब अच्छे पदार्थों को प्राप्त कराने वाले बनें तथा (नः) हमें (स्वस्तये) कल्याण से (सचस्व) संयुक्त करें।

Agni (God), be to us easy to access, as is father to his son; bless us for our good.

ओं स्वस्ति नो मिमीतामश्विना भगः स्वस्ति देव्यदितिरनर्वणः।
स्वस्ति पूषा असुरो दधातु नः स्वस्ति द्यावापृथिवी सुचेतुना॥ ऋ. 5.51.11

Oṁ svasti no mimītāmaśvinā bhagaḥ svasti devyaditi-ranarvaṇaḥ. svasti pūṣā asuro dadhātu naḥ svasti dyāvāpṛthivī sucetunā.

(अश्विनौ) उगता हुआ और छिपता हुआ सूर्य (नः) हमारे लिए (स्वस्ति) कल्याण का (मिमीताम्) सृजन करे, (भगः) प्रातःकाल ब्रह्ममुहूर्त का समय (स्वस्ति) सुखकारी हो, (देवी अदितिः) द्युलोकस्थ सूर्य की ऊर्जा हमारे लिए (अनर्वणः) सहज रूप से (स्वस्ति) कल्याणकारक हो। (असुरः) स्वप्रकाश रहित चन्द्रमा भी (नः) हमें (पूषा) पुष्ट (दधातु) करे। (द्यावापृथिवी) द्युलोक और पृथिवी लोक (सुचेतुना) उपकारक होने के साथ-साथ हमारे लिए (स्वस्ति) कल्याणकारी भी हों।

May the rising and setting sun benefit us; may the dawn period be useful to us; may the solar energy by nature bring us benefits; may the moon nourish us. May the earth and the sun bring us well-being with benevolence.

ओं स्वस्तये वायुमुपब्रवामहै सोमं स्वस्ति भुवनस्य यस्पतिः।
बृहस्पतिं सर्वगणं स्वस्तये स्वस्तय आदित्यासो भवन्तु नः॥ ऋ. 5.51.12

Oṁ svastaye vāyum upabravāmahai somaṁ svasti bhuvanasya yaspatiḥ. bṛhaspatiṁ sarvagaṇaṁ svastaye svastaya ādityāso bhavantu naḥ.

हम (स्वस्तये) कल्याण के लिए (वायुम्) पृथिवी के वायुमण्डल और (सोमम्) चन्द्रमा का (उपब्रवामहै) गुणगान करते हैं। (भुवनस्य) ब्रह्माण्ड का (यः) जो (पतिः) रक्षक है, (स्वस्ति) वह हमारा कल्याण करे। (सर्वगणम्) सर्वांगपूर्ण (बृहस्पतिम्) विस्तारवान् ब्रह्माण्ड हमारे (स्वस्तये) कल्याण के लिए हो। (आदित्यासः) 12 आदित्य अर्थात् 12 महिनों का सूर्य (नः) हमारे लिए (स्वस्तये) कल्याण कारक (भवन्तु) हों।

We appreciate the moon and the function of the magnetosphere of the earth, which shields us from the solar winds. May the protector of this universe be our benefactor. May the expanding universe along with all its components be useful for us. May the sun of various 12 months be beneficial to us.

ओं विश्वे देवा नो अद्या स्वस्तये वैश्वानरो वसुरग्निः स्वस्तये।
देवा अवन्त्वृभवः स्वस्तये स्वस्ति नो रुद्रः पात्वंहसः॥ ऋ. 5.51.13

Oṁ viśvedevā no adyā svastaye vaiśvānaro vasuragniḥ svastaye. devā avant vṛbhavaḥ svastaye svasti no rudraḥ pātvaṁ hasaḥ.

(विश्वेदेवाः) ऊर्जा के समस्त रूप (अद्य) आज (नः) हमारे (स्वस्तये) सुख के लिए हों। (स्वस्तये) सुख के लिए (वैश्वानरः) समस्त पदाथोंर् में (वसुः) विद्यमान (अग्निः) ऊर्जा (अवन्तु) हमारी रक्षा करे। (देवाः) दीप्तिमान (ऋभवः) अन्तरिक्ष से आने वाले विद्युत् आवेश से युक्त कण (स्वस्तये) हमारे कल्याण के लिए हों। (रुद्रः) ब्रह्माण्डीय विकिरण (नः) हम लोगों की (अंहसः) अनिष्ट से (पातु) रक्षा करें तथा (स्वस्ति) कल्याण कारक हों।

May all the forms of energy protect us. May the energy abiding in all objects shield us. The charged particles coming from magnetosphere of the earth do not harm us and the radiation of the universe be beneficial to us and protect us from all its harmful effects.

ओं स्वस्ति मित्रावरुणा स्वस्ति पथ्ये रेवति। स्वस्ति न इन्द्रश्चाग्निश्च स्वस्ति नो अदिते कृधि॥ ऋ. 5.51.14

Oṁ svasti mitrāvarūṇā svasti pathye revati.
svasti na indraścāgniścha svāsti no adite kṛdhi.

(मित्रावरुणा) प्राण और अपान वायु हमें (स्वस्ति) सुख और स्वास्थ्य प्रदान करते हैं। (रेवति) कल्याण के (पथ्ये) मार्ग पर चल कर (स्वस्ति) हमें सुख सम्पत्ति प्राप्त होती है। (इन्द्रः) स्वस्थ मन (च) और (अग्निः) शारीरिक शक्ति (नः) हमें (स्वस्ति) सुख प्रदान करते हैं। मन और शरीर से रुग्ण व्यक्ति भयभीत और दुःखी रहता है। (अदिते) हे आत्मिक शक्ति तू भी (नः) हमें (स्वस्ति) सुख युक्त (कृधि) कर।

The Prāṇa and Apāna air bring us health and happiness. The welfare route leads us to prosperity. Healthy mind and body are blessing for us because a person having disturbed mind and sick body suffers from fear of pain. Let spiritual power also bless us with happiness.

ओं स्वस्ति पन्थामनुचरेम सूर्याचन्द्रमसाविव।
पुनर्ददताघ्नता जानता संगमेमहि॥ ऋ. 5.51.15

Oṁ svasti panthāmanu carema sūryacandramasāviva.
punardadatāghnatā jānatā saṁgamemahi.

हम लोग (सूर्याचन्द्रमसौ इव) सूर्य और चन्द्रमा के सदृश (स्वस्ति) सुख के (पन्थाम् अनुचरेम) मार्गों के अनुगामी हों। (पुनर्ददता) बार-बार ज्ञान का दान देने के स्वभाव वाले और (अघ्नता) अहिंसक (जानता) विद्वान् के साथ हमारी (संगमेमहि) संगति हो।

May we walk the path of welfare like the Sun and the Moon. May we have a friendship with a scholar who has the habit of sharing knowledge with others and who abstains from criminal and violent activities.

ओं ये देवानां यज्ञिया यज्ञियानां मनोर्यजत्रा अमृता ऋतज्ञाः। ते नो रासन्तामुरुगायमद्य यूयं पात स्वस्तिभिः सदा नः॥ ऋ. 7.35.15

Oṁ ye devānāṁ yajñiyā yajñiyānāṁ manoryajatrā

amṛtā ṛtajñāḥ te no rāsantāmurugāyam adya yūyaṁ pāta svastibhiḥ sadā naḥ.

(ये) जो (देवानाम्) विद्वानों में (यज्ञियाः) अत्यन्त पूजनीय और (यज्ञियानाम्) पूजनीयों में (मनोः) मननशील (यजत्राः) संगति करने योग्य, (अमृताः) जीवन्मुक्त हैं, जो (ऋतज्ञाः) सृष्टि के नियामक सत्य सिद्धान्तों को जानते हैं, (ते) वे (नः) हमें (अद्य) अब (उरुगायं) बहुचर्चित ज्ञान को (रासन्ताम्) देवें। (यूयम्) आप सब विद्वान् (स्वस्तिभिः) कल्याणकारी उपदेश से (सदा) हमेशा (नः) हमारी (पात) रक्षा करें।

Let the living liberated scholars who are most worshipped among worshipable, great thinkers, worthy of friendship and excel in the knowledge of true laws and principles governing nature, impart to us this knowledge which has been ferociously discussed and debated amid scholars. May all scholars save us from being led astray by virtue of their valuable guidance and preachings.

ओं येभ्यो माता मधुमत्पिन्वते पयः पीयूषं द्यौरदितिरद्रिबर्हाः।
उक्थशुष्मान् वृषभरान्त्स्वप्नसस्ताँ आदित्याँ अनुमदा स्वस्तये ॥

ऋ. 10.63.3

Oṁ yebhyo mātā madhumat pinvate payaḥ pīyūṣaṁ dyauraditiradribarhāḥ. ukthaśuṣmān vṛṣabharānt svapnasastāṁ ādityāṁ anumadā svastaye.

(येभ्यः) जिनकी सहायता से (माता) पृथिवी माता (मधुमत्) मधुर (पयः) रसों का (पिन्वते) सिंचन करती है, और (अदितिः) अन्तरिक्ष (अद्रिबर्हाः) मेघों से भरा हुआ रहता है, और (द्यौः) द्युलोक (पीयूषम्) प्रकाश रूप अमृत को प्रदान करता है, (उक्थशुष्मान्) प्रशंसनीय बल वाले (स्वप्नसः) सुन्दर रूप से युक्त (वृषभरान्) आवेशित कणों से पूरित (तान्) उन (आदित्यान्) सूर्य रश्मियों को (स्वस्तये) सुख के लिए (अनुमद) हमें प्रा□प्त कराइए।

Provide for our happiness solar winds from the sun which are full of lustre and charged particles. By virtue of these sun-rays the mother earth produces various types of flavours, sky remains overcast with clouds and space remains full of light in the form of nectar.

ओं नृचक्षसो अनिमिषन्तो अर्हणा बृहद् देवासो अमृतत्वमानशुः।
ज्योतीरथा अहिमाया अनागसो दिवो वर्ष्माणं वसते स्वस्तये॥

ऋ. 10.63.4

Oṁ nṛcakṣaso animiṣanto arhaṇā bṛhad devāso amṛtatvm ānaśuḥ. jyotīrathā ahimāyā anāgaso divo varṣmāṇaṁ vasate svastaye.

(बृहद्) अनेक (देवासः) ऊर्जा के रूप (नृचक्षसः) जो कि लोगों में विख्यात हैं (अर्हणाः) अपने सामर्थ्यानुसार (अनिमिषन्तः) दिन रात सक्रिय हैं और द्युलोक में (अमृतत्वम्) अमृतत्व को (आनशुः) प्राप्त हैं अर्थात् ऊर्जा रूप में परिवर्तित होकर स्थित हैं। वे सब ऊर्जा कण (ज्योतीरथाः) प्रकाश के रथ पर सवार हैं तथा अपनी (अहिमाया) शक्ति से (अनागसः) स्थिर रहते हुए (दिवः) द्यौलोक के (वर्ष्माणम्) स्थान में (स्वस्तये) ब्रह्माण्ड के रख रखाव के लिए (वसते) रहते हैं।

Various forms of light energy [radio waves, microwaves, infrared, ultraviolet, x-rays and gamma rays] known to humans are at work day and night in nature as per their capacity. They are immortalised in the space of Brahman [Chidākāśa], i.e. they are located in Chidākāśa in the inactive or dark form. The transformation of active energy into inactive energy [dark energy] is known as the immortality of devas in Vedas. All these various forms of energy ride on the chariot of light. They are sustained by themselves in Chidākāśa to maintain this universe.

ओं सम्राजो ये सुवृधो यज्ञमाययुरपरिह्वृता दधिरे दिवि क्षयम्। ताँ आ विवास नमसा सुवृक्तिभिर्महो आदित्याँ अदितिं स्वस्तये ॥ ऋ. 10.63.5

Oṁ samrājo ye suvṛdho yajñam āyayura parihvṛtā dadhire divi kṣayam. tāṁ ā vivāsa namasā suvṛktibhir maho āditayāṁ aditiṁ svastaye.

(ये) जो (सम्राजः) प्रकाश रज अपने तेज से अच्छी प्रकार विराजमान होकर, (यज्ञम्) सृष्टि यज्ञ की प्रक्रिया को (सुवृधः) अच्छी प्रकार बढाते हुए (अपरिह्वृता) स्थिरता से (दिवि) द्युलोक में (क्षयम्) निवास (दधिरे) धारण करते हैं। (तान्) उन (आदित्यान्) द्युलोकस्थ प्रकाश रजों को और (अदितिम्) अदिति को अर्थात् अखण्डनीय ऊर्जा को (स्वस्तये) सृष्टि के रख रखाव हेतु (नमसा) पृथ्वी लोक में पार्थिव कणों की उत्पत्ति के लिए (सुवृक्तिभिः) सुन्दरता से पार्थिव कण एवं प्रतिकणों में संविभाजित (आ विवासः) होना पडता है।

वि.मन्तव्यः वेद के अनुसार सृष्टि रचना द्युलोक में आदित्यों (प्रकाश रज अथवा फोटोन) के पार्थिव कणों में परिवर्तित होने से प्रारम्भ होती है। प्रकाश कण भारहीन होते हैं, जबकि पार्थिव कण भारयुक्त होते हैं। भारहीनता सत्त्व गुण का प्रभाव है, जबकि भार तमोगुण के प्रभाव से आता है। रजोगुण, सत्त्व और तमस के मध्य स्थित है। सत्त्वोन्मुखी होने से वह प्रकाश कण के रूप में बना रहता है। ज्योंहि वह तमोन्मुख होता है, पार्थिवकण में परिवर्तित हो जाता है, जिससे पृथ्वी लोक में सृष्टि रचना होती है। द्युलोकस्थ प्रकाश रज को पार्थिव रज में परिवर्तित होने के लिए प्रकाश रज को द्युलोक और अन्तरिक्ष लोक (वायव्य क्षेत्र) से होकर गुजरना पडता है।

The radiant energy particles, located in the Chidākāśa, accelerate the creation process in Bhūtākāśa [known as space to modern physics] when activated by Brahman. To maintain creation in Bhūtākāśa, the energy of the Chidākāśa had to take refuge in the Bhūtākāśa in active form.

NB: According to the Veda, the creation in Bhūtākāśa starts when Brahman activates energy. Before activation, inactive energy remains in dark [tamas] form in Chidākāśa. It is also called the equilibrium of sattva (light), rajas (motion) and tamas (matter/inertia) guṇas. Activation entails motion, which can also be called the origin of rajas. Thus, with the origin of rajoguṇa, the equilibrium of sattva and tamas guṇa also gets disturbed, and the active energy appears in its two— massless and mass forms. Masslessness is the property of sattva guṇa, and mass is the property of tamoguṇa. Rajoguṇa is the motion that breaks the equilibrium or harmony of the sattva and rajoguṇa. A particle under the dominance of sattvaguṇa remains massless and is called the light particle. Sattvaguṇa is also called prakāśātmaka (a form of light in terms of Vedic physics). Tamoguṇā is called sthityātmaka (mass or inertia in terms of Vedic physics). So, a light particle is massless, and a matter particles have mass. When the energy is activated by the power of saṅkalpa of Brahman in Chidākāśa [Svarāṭ], it creates the field and a Bhūtākāśa is formed within the Chidākāśa, and one-fourth of energy participate as active energy and three-fourth remains in dark form

ओं को वः स्तोमं राधति यं जुजोषथ विश्वे देवासो मनुषो यति ष्ठन ।
को वोऽध्वरं तुविजाता अरं करद्यो नः पर्षदत्यंहः स्वस्तये ॥ ऋ. 10.63.6

Oṁ ko vaḥ stomaṁ rādhati yaṁ jujoṣatha viśve devāso manuṣo yati ṣṭhana. kovo'dhvaraṁ tuvijātā araṁ karadyo naḥ parṣadatyaṁhaḥ svastaye.

हे (तुविजाताः) बहुविख्यात (विश्वेदेवासः) ऊर्जा कण! (वः) तुम (यम्) जिन (स्तोमम्) तरंगों में (जुजोषथ) परिवर्तित होते हो, उन तरंगों को (कः) कौन (राधति) बनाता है? हे (मनुषः यति स्थन) परिवर्तनशील सब ऊर्जा कण! (वः) तुममें (कः) कौन (अध्वरम्) सृष्टि उत्पत्ति रूपी यज्ञ को (अरं करत्) अलंकृत करता है? (यः) जो सृष्टि उत्पत्ति रूपी यज्ञ (नः) हमारे (स्वस्तये) कल्याण के लिए हमें (अंहः) विरोधी शक्तियों से (पर्षदति) बचाता है।

वि.मन्तव्यः उपर्युक्त वेदमन्त्र के अनुसार ऊर्जा ही पार्थिव कणों में परिवर्तित होती है। इस परिवर्तन में विरोधी शक्तियां परास्त होकर पृथ्वी लोक में सृष्टि रचना होती है।

O famous energy particles! who creates those waves, you transform in? O transformable energy particles, who amongst you accelerate the process of creation. This

Yajña of creation protects us from the destructive powers for our wellbeing.

NB: According to the above mantra of Veda, inactive energy transforms into active energy in the Bhūtākāśa. Under this transformation process, opposite powers are defeated leading to the formation of universe.

ओं येभ्यो होत्रां प्रथमामायेजे मनुः समिद्धाग्निर्मनसा सप्तहोतृभिः। त आदित्या अभयं शर्म यच्छत सुगा नः कर्त सुपथा स्वस्तये॥ ऋ. 10.63.7

Oṁ yebhyo hotrāṁ prathamāmāyeje manuḥ samiddhāgnir manasā saptahotṛbhiḥ. ta ādityā abhayaṁ śarma yachchhata sugā naḥ karta supathā svastaye.

(येभ्यः) जिन आदित्य ब्रह्मचारियों के लिये (समिद्धाग्निः) ज्ञानाग्नि को प्रज्वलित किये हुए (मनुः) विद्वानों ने (मनसा) संकल्प शक्ति से (सप्तहोतृभिः) मन, बुद्धि एवं पांच ज्ञानेन्द्रिय रूप सात होताओं द्वारा (प्रथमाम्) मुख्य (होत्राम्) ज्ञान यज्ञ का (आयेजे) आयोजन किया। (ते) वे (आदित्याः) आदित्य ब्रह्मचारी (अभयम्) निर्भय होकर (नः) हमें (शर्म) सुख (यच्छत) प्रदान करें, और (स्वस्तये) मानव कल्याण हेतु (सुपथा) अच्छे पथ को (सुगा) सुगम (कर्त) बनाएं।

वि. मन्तव्यः मन, बुद्धि एवं पांच ज्ञानेन्द्रिय ज्ञान यज्ञ के सात होता हैं।

Let those Āditya Brahmacharī-s bring us happiness and make for us the path leading to our welfare, unto whom the scholars or experts of Jñāna Yajña carried out jñāna yajña with the help of seven priests, i.e. mind, intellect and five sense organs on account of their will power.

ओं य ईशिरे भुवनस्य प्रचेतसो विश्वस्य स्थातुर्जगतश्च मन्तवः। ते नः कृतादकृतादेनसस्पर्यद्या देवासः पिपृता स्वस्तये॥ ऋ. 10.63.8

Oṁ ya īśire bhuvanasya pracetaso viśvasya sthāturjagataśca mantavaḥ. te naḥ kṛtādakṛtādenasasparyadyā devāsaḥ pipṛtā svastaye.

(ये) जो (प्रचेतसः) ज्ञानी (मन्तवः) मननशील लोग (विश्वस्य) सम्पूर्ण (स्थातुर्जगतश्च) स्थावर और जंगम (भुवनस्य) जगत् को (ईशिरे) जानने में समर्थ हैं। (ते) वे (देवासः) अच्छे ज्ञानवाले (नः) हमें (कृतात्) किए गये (अकृतात्) अथवा न किए गए (एनसः) अपराध से (अद्य) इस जीवन में (स्वस्तये) हमारे कल्याण के लिए (परि पिपृत) हमारी चारों ओर से रक्षा करें।

The wise and thoughtful persons who can comprehend the entire creation of living beings and non-living things protect us from criminal acts committed or not committed by us for our well-being in this life.

ओं भरेष्विन्द्रं सुहवं हवामहेंऽहोमुचं सुकृतं दैव्यं जनम्। अग्निं मित्रं वरुणं सातये भगं द्यावापृथिवी मरुतः स्वस्तये ॥ ऋ. 10.63.9

Oṁ bhareṣvindraṁ suhavaṁ havāmaheṁ'homucaṁ sukṛtaṁ daivyaṁ janam. agniṁ mitraṁ varuṇaṁ sātaye bhagaṁ dyāvāpṛthivī marutaḥ svastaye.

(भरेषु) इन्द्रवृत्रासुर अथवा देवासुर संग्रामों में (सुहवम्) भली प्रकार आमन्त्रित, (अहोमुचम्) ब्रह्माण्ड की आवरक शक्ति रूप वृत्र से छुडाने वाले, (सुकृतम्) सृष्टि रचना के उत्तम कार्य को करने वाले (देव्यम्) आवेशित पार्थिव कणों से (जनम्) पैदा होने वाली (इन्द्रम्) विद्युत् शक्ति का (अग्निम्) पार्थिव ऊर्जा (मित्रं) प्रोटान, (वरुणम्) इलैक्ट्रान, तथा (भगम्) नवोद्भूत पार्थिव ऊर्जा कणों की (सातये) रक्षा के लिये (हवामहे) आह्वान करते हैं। (द्यावापृथिवी मरुतः स्वस्तये) द्युलोक, पृथिवी लोक और ब्रह्माण्डीय विकिरण दबाव हमारे कल्याण के लिए हों।

We invoke the electric force for the protection of protons and electrons and newly formed matter particles in Bhūtākāśa. It is often invoked during wars between Indra [expanding force] and Vṛtra [contracting force of the Universe], war between Devas and Asuras [annihilation process between matter and anti-matter particles]. It protects us from Vṛtra, the surface tension or contracting force of the Universe, and performs the best function of creation. It is generated from the charged matter particles. Let the solar region, earth, and radiation pressure in space do us no harm.

ओं सुत्रामाणं पृथिवीं द्यामनेहसं सुशर्माणमदितिं सुप्रणीतिम्। दैवीं नावं स्वरित्रामनागसमस्रवन्ती- मारुहेमा स्वस्तये ॥ ऋ. 10.63.10

Oṁ sutrāmāṇaṁ pṛthivīṁ dyāmanehasaṁ suśarmāṇam aditiṁ supraṇītim. daivīṁ nāvaṁ svaritrām anāgasam asravantīmā ruhemā svastaye.

(सुत्रामाणम्) अच्छी प्रकार रक्षा करने वाली (अनेहसम्) उपद्रवरहित (सुशर्माणम्) अच्छी प्रकार बनाई गई, (सुप्रणीतिम्) सुन्दर यंत्रों से युक्त, (अस्रवन्तीम्) छिद्र रहित अर्थात् दृढ़, (अनागसम्) निर्माणदोष रहित (स्वरित्राम्) अच्छी प्रकार से संचालित (पृथिवीम्) पृथ्वी और (द्याम्) द्युलोक से निर्मित (अदितिम्) प्राकृतिक (दैवीम्) ईश्वरीय (नावम्) नौका पर हम लोग (स्वस्तये) सुख के लिए (आरुहेम) चढें।

Let us embark upon a natural boat made by God with the earth and solar region for our wellbeing. This boat has all the safety features. It is hassle-free, adequately built, equipped with all fine-looking accessories, leak-proof, well-rowed and free from all construction flaws.

ओं विश्वे यजत्रा अधि वोचतोतये त्रायध्वं नो दुरेवाया अभिह्रुतः। सत्यया वो देवहूत्या हुवेम श्रृण्वतो देवा अवसे स्वस्तये ॥ ऋ. 10.63.11

Oṁ viśve yajatrā adhi vocatotaye trāyadhvaṁ no durevāyā abhihrutaḥ. satyayā vo devahūtyā huvema sṛṇvato devā avase svastaye.

(विश्वे) हे सब (यजत्राः देवाः) वन्दनीय विद्वानो! (ऊतये) रक्षा के लिए (अधिवोचत) उपदेश दो। (अभिह्रुतः) हिंसा और (दुरेवायाः) दुर्गति से (नः) हमारी (त्रायध्वं) रक्षा करो। (अवसे स्वस्तये) रक्षा और सुख के लिए (श्रृण्वतः) हमारी प्रार्थना सुनने वाले (वः) आपको हम (सत्यया देवहूत्या) सच्चे, विद्वानों के योग्य निमंत्रण द्वारा (हुवेम) बुलाते हैं।

O salutation-worthy scholars! Enlighten us on all safety and security measures to save us from violence and miseries. For our safety and happiness, we invite you, since you concede to our request, through an invitation worthy to be extended to true scholars.

ओम् अपामीवामप विश्वामनाहुतिमपारातिं दुर्विदत्रामघायतः। आरे देवा द्वेषो अस्मद्युयोतनोरु णः शर्म यच्छता स्वस्तये ॥ ऋ. 10.63.12

Om apāmīvāmapa viśvām anāhutim apārātiṁ durvidatrām aghāyataḥ. āre devā dveṣo asmad yuyotanoru ṇaḥ śarma yachchhatā svastaye.

(देवाः) हे विद्वानो! (अमीवाम् अप) पीड़ा को दूर करो (विश्वाम् अनाहुतिम्) सब प्रकार के अयज्ञमय जीवन को (अप) दूर करो (अरातिं) दान न करने अथवा कृपणता के भाव और (दुर्विदत्राम्) कुमति को (अप) दूर करो (अघायतः) हिंसा वा पाप की इच्छा करने वाले के (द्वेषः) द्वेष को (अस्मत्) हम से (आरे युयोतन) दूर करो। (नः) हमें (स्वस्तये) कल्याण के लिए (उरु शर्म यच्छत) खूब सुख प्रदान करो ॥ 18 ॥

O, Learned people, keep us away from problems and diseases; remove from us whatever is non-Vedic or doesn"t conform to the standards of yajñīya life. Inspire us to contribute to our society and nation and make good sense prevail. Ward us off the enmity and wicked will of the viciously inclined enemies. Bless us with a blissful life.

ओम् अरिष्टः स मर्त्तो विश्व एधते प्र प्रजाभिर्जायते धर्मणस्परि। यमादित्यासो नयथा सुनीतिभिरति विश्वानि दुरिता स्वस्तये ॥ऋ. 10.63.13

Om ariṣṭaḥ sa martto viśva edhate pra prajābhir jāyate dharmaṇaspari. yam ādityāso nayathā sunītibhir ati viśvāni duritā svastaye.

(आदित्यासः) हे आदित्य ब्रह्मचारी विद्वानो! (यं स्वस्तये सुनीतिभिः) जिस मनुष्य को तुम कल्याण के लिए सुन्दर नीतियों से (विश्वानि दुरिता) सब कुमार्ग,

दुर्व्यसनों से (परि अति नयथ) छुडाकर सन्मार्ग पर ले जाते हो, (सः मर्त्तः) वह मनुष्य (अरिष्टः एधते) पीडा रहित होकर बढ़ता है और (धर्मणः परि) धर्म में लगा हुआ (प्रजाभिः प्रजायते) सन्तानों के साथ भली प्रकार फलता फूलता है।

O Learned scholars leading a celibate life commensurate with the standard of Āditya Brahmachārī! Should you divert a person from the wrong path and evils towards the good path and virtues by virtue of your good policies for his wellbeing, he progresses in his life by leaps and bounds, evading all sufferings and miseries and prospers along with his family engaging himself in dharmic activities.

ओं यं देवासोऽवथ वाजसातौ यं शूरसाता मरुतो हिते धने। प्रातर्यावाणं रथमिन्द्र सानसिमरिष्यन्तमा रुहेमा स्वस्तये॥ ऋ. 10.63.14

Oṁ yaṁ devāso'vatha vājasātau yaṁ śūrasātā maruto hite dhane. prātaryāvāṇaṁ ratham-indraṁ sānasim ariṣyantamā ruhemā svastaye.

(इन्द्र मरुतः देवासः) हे ब्रह्माण्डीय विद्युत् शक्ति रूप इन्द्र और विकिरण दबाव रूप मरुद्गण! आप लोग (शूरसातौ) वीरोचित (यम्) जिस (वाजसातौ) वृत्रासुर संग्राम में (हिते धने) हमारे लिए हितकारी (यम्) जिस (सानसिम) समृद्धि प्रदान करने वाले (रथम्) रमणीय सृष्टि रथ की (अवथ) रक्षा करते हो, उस (प्रातर्यावाणम्) प्रातःकाल से ही गमन करने वाले (अरिष्यन्तम्) हानि रहित सृष्टि रथ पर हम (स्वस्तये) कल्याणार्थ (आरुहेम) सवारी करें अर्थात् उसका आश्रय लें।

वि. मन्तव्यः वृत्रासुर संग्राम ब्रह्माण्ड में निरन्तर चलने वाली प्रक्रिया है। वृत्र का अर्थ है ब्रह्माण्ड की आवरक शक्ति, जो कि ब्रह्माण्ड को निरन्तर संकुचित कर रही है। इन्द्र विद्युत् शक्ति है एवं मरुद्गण ब्रह्माण्डीय विकिरण दबाव है, जो कि आवरक शक्ति के विरुद्ध काम करते हैं तथा ब्रह्माण्ड को संकोचन से बचाते हैं। इन्द्र मरुतों के साथ मिलकर वृत्र को परास्त करता रहता है, जिससे निरन्तर सृष्टि का विस्तार होता है। इसी सृष्टि विस्तार को 'यज्ञं तनुते' आदि शब्दों से यज्ञ का वितान कहा गया है।

O Indra (the electric force of the universe) and

Maruts (the radiation pressure of the universe)! To protect mass-energy in the Universe, you keep fighting the war with Vṛtra, the surface tension of the universe, like those of brave soldiers. We ride the same chariot of the universe, which brings prosperity and happiness, starts its journey at dawn and is relatively harmless. You safeguarded the same for our well-being and prosperity.

NB: The war between Indra and Vṛtra is a continuous process in the universe. Vṛtra represents the universe's surface tension, and Indra is the electric force in the universe. Maruts are radiation pressure. The surface tension of the universe forces the universe, causing its collapse. However, the electric force and radiation pressure neutralize the effect of surface tension and save it from contraction, which is necessary for its existence.

ओं स्वस्ति नः पथ्यासु धन्वसु स्वस्त्यप्सु वृजने स्वर्वति। स्वस्ति नः पुत्रकृथेषु योनिषु स्वस्ति राये मरुतो दधातन ॥ ऋ. 10.63.15

Oṁ svasti naḥ pathyāsu dhanvasu svastyapsu vṛjane svarvati. svasti naḥ putra-kṛtheṣu yoniṣu svasti rāye maruto dadhātana.

(पथ्यासु) सृष्टि उत्पत्ति मार्ग में (नः) हमारा (स्वस्ति) कल्याण हो। (धन्वसु) अन्तरिक्ष लोक में हमारा कल्याण हो। (अप्सु) पार्थिव कणों एवं प्रतिकणों के मिश्रण में हमारा (स्वस्ति) कल्याण निहित हो। (स्वर्वति वृजने) ब्रह्माण्ड की सतह पर वृत्रासुर संग्राम में (नः) हमारा (स्वस्ति) कल्याण हो। (पुत्रकृथेषु) पार्थिव कणों को जन्म देने वाली (योनिषु) ऊर्जा में हमारा (स्वस्ति) कल्याण निहित रहे। (मरुतः) हे ब्रह्माण्डीय विकिरण दबाव! (राये) ब्रह्माण्ड के विकास के लिए (स्वस्ति) कल्याण को (दधातन) धारण कर।

O radiation pressure of universe! May this creation is not harmful to us. May the midsphere not be harmful to us; may the union [annhilation process] of matter and anti-matter particles be not harmful to us. May the war between Indra and Vṛtra bring us well-being. May the inactive energy of Chidākāśa transforming into the active energy in Bhūtākāśa uphold the element of well-being in it so that the active energy of Bhūtākāśa may also be diffused for our benefit.

NB: Maruts and Rudras are co-deities of Indra abiding in the intermediate space.

ओं स्वस्तिरिद्धि प्रपथे श्रेष्ठा रेक्णस्वत्यभि या वाममेति। सा नो अमा सो अरणे निपातु स्वावेशा भवतु देवगोपा॥ ऋ. 10.63.16

Oṁ svastiriddhi prapathe śreṣṭhā reknasvastyabhi yā vāmameti. sā no amāso araṇe nipātu svāveśā bhavatu devagopā.

(प्रपथे) श्रेय मार्ग पर चलने वाले का (इत् हि) इस लोक में (स्वस्ति) कल्याण हो। (या) जो (श्रेष्ठा) अति श्रेष्ठ, (रेक्णस्वती) उत्तम ऐश्वर्य और वीर्य वाली स्त्री है, वह (वामम् अभ्येति) हमारी सहचारिणी गृहणी हो। (सा) वह (नः) हमें (अमा) घर में, तथा (सा उ) वही (अरणे) आनन्द सुखादि साधनों से रहित निर्जन स्थानों में (निपातु) हमारा साथ दे। हमारा गृहस्थ (स्वावेशा) सुखप्रद एवं (देवगोपा) दैवी आपदाओं से सुरक्षित (भवतु) हो।

May those be blessed here with happiness who tread the path of bliss. She, the best and most glorious, maybe our life partner. May she stand by us in household affairs and hours of need. May our household life be happy and protected from all natural catastrophes.

ओम् इषे त्वोर्जे त्वा वायव स्थ देवो वः सविता प्रार्पयतु श्रेष्ठतमाय कर्मण आप्यायध्वमघ्न्या इन्द्राय भागं प्रजावतीरनमीवा अयक्ष्मा मा वस्तेन ईशत माघशꣳसो ध्रुवा अस्मिन् गोपतौ स्यात बह्वीर्यजमानस्य पशून् पाहि॥ यजु. 1.1

Om iṣe tvorje tvā vāyavastha devo vaḥ savitā prārpayatu śreṣṭhatamāya karmaṇa āpyāyadhvam aghnyā indrāya bhāgaṁ prajāvatīr anamīvā ayakṣmā mā vas tena īśata māghaśaṁso dhruvā asmin gopatau syāta bahvīr yajamānasya pasūn pāhi

हे सर्व जगदुत्पादक परमात्मा! हम (इषे) अन्न एवं (ऊर्जे) ऊर्जा के लिए (त्वा) आप पर निर्भर करते हैं। (वायव स्थ) आप प्राणियो में प्राण वायु का संचार करते हैं। (देवः सविता) जगदुत्पादक परमात्मा (वः) आप लोगों को (श्रेष्ठतमाय) श्रेष्ठ (कर्मणे) कर्म से (प्रार्पयतु) जोडें। (आप्यायध्वम्) आप सब फलें फूलें। (अघ्न्या) गाय आदि पशु अहिंसनीय है। (इन्द्राय) राष्ट्र की समृद्धि के लिए (भागम्) आप सब योगदान देवें। (प्रजावतीः) सब लोग सन्तानों से युक्त हों। (अनमीवाः अयक्ष्माः) सब लोग यक्ष्मा आदि रोगों से रहित हों। (स्तेनः) चौर लुटेरे (वः) आप पर (मा ईशत) शासन न करें। (अघशंसः) अपराधी प्रवृत्ति के लोग (मा) आप पर शासन न करें। (अस्मिन्) इस (गोपतौ) गोरक्षक के घर में (बह्वीः) बहुत सारी चीजें (ध्रुवा) सुखदायक (स्यात) हों। (यजमानस्य) यजमान की (पशून्) धन सम्पत्ति की आप (पाहि) रक्षा करें।

O Creator of all! We depend on you for energy and food. You instil life into living beings. O creator, you inspire people to undertake noble endeavours. May you all prosper. Milch animals like cows, etc., should not be killed. You all are supposed to contribute your mite to the development and prosperity of the nation. Everybody be blessed with progeny. Let all be hale and hearty. Let corrupt rulers and officials not govern you. Let the protectors of cows be blessed with happiness and comforts of all types. May you safeguard the property of Yajmāna.

ओम् आ नो भद्राः क्रतवो यन्तु विश्वतोऽदब्धासो अपरीतास उद्भिदः। देवा नो यथा सदमिद् वृधे असन्नप्रायुवो रक्षितारो दिवेदिवे॥

यजु. 25.14

Om ā no bhadrāḥ kratvao yantu viśvato'dabdhāso aparītāsa udbhidaḥ. devā no yathā sadamid vṛdhe asanna prāyuvo rakṣitāro dive dive.

(नः) हमें (भद्राः) अच्छे (अदब्धासः) हिंसा रहित (अपरीतासः) अवर्जनीय (उद्भिदः) दुःखों को नष्ट करने वाले (क्रतवः) विचार (विश्वतः) चारों ओर से (आ यन्तु) प्राप्त हों। (अप्रायुवः) दीर्घजीवी (रक्षितारः) ज्ञान की रक्षा करने वाले (देवाः) विद्वान् लोग (यथा) ऐसा आचरण करें कि (दिवे दिवे) प्रतिदिन (नः) हमारी (सदम्) सभा की (वृधे) वृद्धि (इत्) ही (असन्) हो।

May noble thoughts devoid of violence and bringing salvation from sufferings come to us from all sides. The scholars enjoying long life and warden of knowledge should behave in such a manner as to expand our assemblies day by day.

ओं देवानां भद्रा सुमतिर्ऋजूयतां देवाना॑ रातिरभि नो निवर्त्तताम्। देवाना॑ सख्यमुपसेदिमा वयं देवा न आयुः प्रतिरन्तु जीवसे॥

यजु. 25.15

Oṁ devānāṁ bhadrā sumatirṛjūyatāṁ devānā॑ rātirabhi no nivarttatām। devānā॑ sakhyamupasedimā vayaṁ devā na āyuḥ pratirantu jīvase.

(देवानाम्) विद्वानों की (भद्रा) कल्याण करने वाली (सुमतिः) अच्छी बुद्धि (ऋजूयताम्) हमें सरलतया प्राप्त हो। (देवानाम्) विद्वानों की (रातिः) विद्यादान की प्रवृत्ति (नः) हमें (अभि निवर्त्तताम्) ज्ञान से पूर्ण करे। (देवानाम्) विद्वानों के (सख्यम्) मित्रभाव को (वयम्) हम (उप सेदिम) प्राप्त करें। (देवाः) विद्वान् लोग (नः) हमें (आयुः) आयु को (जीवसे) दीर्घकाल तक जीने के लिए (प्रतिरन्तु) पार लगाएं अर्थात् शिक्षा दें॥ 25॥

May we be endowed with the benevolent wisdom of the scholars; may we achieve perfection in knowledge because of the tendency to share knowledge with others. May we be blessed with their friendship. Let them educate us to live a long life.

ओं तमीशानं जगतस्तस्थुषस्पतिं धियञ्जिन्वमवसे हूमहे वयम्। पूषा नो यथा वेदसामसद्वृधे रक्षिता पायुरदब्धः स्वस्तये॥ यजु. 25.18

Oṁ tamīśānaṁ jagatas tasthuṣas patiṁ dhiyañ jinvam avase hūmahe vayam. pūṣā no yathā vedasām asad vṛdhe rakṣītā pāyur adabdhaḥ svastaye.

हे मनुष्यो! (वयम्) हम लोग (तम्) उस (जगतः) चर और (तस्थुषः) अचर जगत् के (पतिम्) रक्षक, (धियम्) बुद्धि को (जिन्वम्) शुद्ध करने वाले (ईशानम्) सर्व सामर्थ्यवान् ईश्वर की (अवसे) अपनी रक्षा के लिए (हूमहे) स्तुति करते हैं। (यथा) क्योंकि वह (नः) हमारे (वेदसाम्) धनों की (वृधे) वृद्धि, (पूषा) पुष्टि एवं (रक्षिता) रक्षा करने वाला है। वह परमेश्वर (स्वस्तये) सुख के लिए (पायुः) सबका सहायक और (अदब्धः) हानि न पहुँचाने वाला (असत्) होवे।

We invoke God for our safety and security. He is a custodian of the stationary and the moving universe. He is a sharpener of wisdom and Omnipotent. He is responsible for increasing, nourishing, and protecting our riches. May God bless us all with happiness and comfort and not curse us with misery.

ओं स्वस्ति न इन्द्रो वृद्धश्रवाः स्वस्ति नः पूषा विश्ववेदाः। स्वस्ति नस्तार्क्ष्यो अरिष्टनेमिः स्वस्ति नो बृहस्पतिर्दधातु ॥ यजु. 25.19

Oṁ svasti na indro vṛddhaśravāḥ svasti na pūṣā viśvavedāḥ. svasti nas tārkṣyo ariṣṭanemiḥ svasti no bṛhaspatir dadhātu.

(वृद्धश्रवाः) बढ चढ कर जिसका कीर्तिगान किया जाता है, (इन्द्रः) जो परमैश्वर्य से युक्त है, वह परमेश्वर (नः) हमें (स्वस्ति) सुख (दधातु) धारण कराए। (विश्ववेदाः) समस्त ज्ञान रूपी वेदों का स्वामी (पूषा) इस सृष्टि को ताकत प्रदान करने वाला ईश्वर (नः) हमारे लिए (स्वस्ति) सुखदायक हो। (अरिष्टनेमिः) सुख पहुँचाने वाले (तार्क्ष्यः) सूर्य और वायु की तरह ईश्वर (नः) हमारे लिए (स्वस्ति) सुखदायक हो। (बृहस्पतिः) समस्त प्राकृतिक शक्तियों का स्वामी ईश्वर (नः) हमारे लिए (स्वस्ति) सुखदायक हो।

May the Supreme power, who has been highly eulogised and the sole mighty Lord, be for our well-being. He who is the source of all knowledge, i.e. the Veda and the cosmic force, sustains well-being for us like the sun and air. May the master of all natural powers be for our well-being.

ओं भद्रं कर्णेभिः शृणुयाम देवा भद्रं पश्येमाक्षभिर्यजत्राः। स्थिरैरङ्गैस्तुष्टुवाꣳ सस्तनूभिर्व्यशेमहि देवहितं यदायुः ॥ यजु. 25.21

Oṁ bhadraṁ karṇebhiḥ śṛṇuyāma devā bhadraṁ paśyemākṣabhir yajatrāḥ. sthirair aṅgais tuṣṭuvāṁ sastanūbhir vyaśemahi devahitaṁ yadāyuḥ.

हे (यजत्राः) ज्ञान-यज्ञ करने वाले (देवाः) विद्वानो! आप लोगों की संगति में हम (कर्णेभिः) कानों से (भद्रम्) सत्य वचनों को (शृणुयाम) सुनें। (अक्षभिः) आँखों से (भद्रम्) कल्याण को (पश्येम) देखें। (स्थिरैः) दृढ़ (अंगैः) अंगों वाले (तनूभिः) शरीरों से (तुष्टुवांसः) ईश्वर की स्तुति करते हुए (देवहितम्) विद्वानों द्वारा प्राप्त करने योग्य (यद्) जो (आयुः) आयु है, उसे (व्यशेमहि) प्राप्त करें॥ 28॥

O scholars, the performer of Jñāna Yajña, may we, in your good company, hear with our ears only that which is truthful; may we, being sanctified, see with our eyes only that which is benevolent. Endowed with steady limbs and bodies, ever eulogising and contemplating the Supreme, may we enjoy the life-span as enjoyed by the scholars.

ओम् अग्न आ याहि वीतये गृणानो हव्यदातये। नि होता सत्सि बर्हिषि ॥ सा. 1.1

Om agna ā yāhi vītaye gṛṇāno havya dātaye.
ni hotā satsi barhiṣi.

(अग्ने) हे ज्ञानमय प्रभो! (वीतये) अज्ञान के भक्षण के लिए अथवा विनाश के लिए (आ याहि) आप आइये। (हव्यदातये) ज्ञान की हवि देने के लिए (गृणानः) जिससे प्रार्थना की जाती है, ऐसे आप (होता) ज्ञान यज्ञ का होता बन कर (बर्हिषि) ज्ञान यज्ञ के आसन पर (निसत्सि) विराजिये।

Come, O God, the embodiment of knowledge, for the sake of dispelling ignorance and having conceded to our prayer, be seated with us as the priest on the sanctum of Jñāna yajña to offer oblations in Jñāna Yajña.

ओं त्वमग्ने यज्ञानां होता विश्वेषां हितः। देवेभिर्मानुषे जने॥ सा. 1.2

Oṁ tvamagne yajñānāṁ hotā viśveṣāṁ hitaḥ. devebhir mānuṣe jane.

(अग्ने) हे ज्ञानस्वरूप प्रभो! (त्वम्) आप (विश्वेषाम्) सब प्रकार के (यज्ञानाम्) यज्ञों के (होता) होता अर्थात् सम्पादक हो। (देवेभिः) विद्वानों ने ही आपको (मानुषे जने) मनुष्य समूह में (हितः) प्रतिष्ठित किया है॥ 30॥

O the embodiment of knowledge, you are the priest of all types of Yajñas. The scholars have made you established (well known) amongst human beings.

ओं ये त्रिषप्ताः परियन्ति विश्वा रूपाणि बिभ्रतः।

वाचस्पतिर्बला तेषां तन्वो अद्य दधातु मे ॥ अ. 1.1.1

Oṁ ye triṣaptāḥ pariyanti viśvā rūpāṇi bibhrataḥ.vācaspatir balā teṣāṁ tanvo adya dadhātu me.

(ये) जो (त्रिषप्ताः) प्रकृति के 21 तत्त्व अर्थात् सत्त्व, रजस् और तमस् में विभक्त होने वाले सात तत्त्व जैसे महत्, अहंकार, एवं पंच तन्मात्राएं (विश्वा) संसार के सब (रूपाणि) पदाथोंर् को (बिभ्रतः) धारण करते हुए (परियन्ति) ब्रह्माण्ड में व्याप्त हैं। (तेषाम्) उन 21 तत्त्वों के (बला) बल को (वाचस्पतिः) ईश्वर (अद्य) आज (मे) मेरे (तन्वः) शरीर में (दधातु) धारण कराये।

The three (sattva, rajas, tamas qualities) multiplied by seven (mahat, ahankāra, and five tanmātrās) have prevailed in the universe, manifesting in all cosmic forms. May God bless me with the power of the group of twenty-one.

इति स्वस्तिवाचनम्

अथ शान्तिकरणम्

Prayer for peace

ओं शं न इन्द्राग्नी भवतामवोभिः शं न इन्द्रावरुणा रातहव्या। शमिन्द्रासोमा सुविताय शं योः शं न इन्द्रापूषणा वाजसातौ॥ ऋ. 7.35.1

Oṁ śaṁ na indrāgnī bhavatām avobhiḥ śaṁ na indrāvaruṇā rātahavyā. śamindrāsomā suvitāya śaṁ yoḥ śaṁ na indrāpūṣaṇā vājasātau.

हे जगदीश्वर! (इन्द्राग्नी) ब्रह्माण्डीय ऊर्जा और विद्युत् शक्ति (नः) हम लोगों के लिए (शम्) कल्याण कारक (भवताम्) हों। (इन्द्रावरुणा) विद्युत् शक्ति और इलैक्ट्रान (नः) हमारे लिए (शम्) कल्याण कारक हों। (इन्द्रासोमा) विद्युत् शक्ति और विद्युत् आवेश (नः) हमारे (सुविताय) ऐश्वर्य और (शम्) सुख को बढाने वाले हों। (इन्द्रापूषणा) विद्युत् शक्ति और पार्थिव-कणसमुच्चय (वाजसातौ) इन्द्रवृत्रासुर अर्थात् विद्युत् शक्ति और आवरक शक्ति के संग्राम और देवासुर अर्थात् पार्थिवकण और प्रतिकणों के संग्राम में (योः) दोनों (अवोभिः) रक्षा कवच बन कर (नः) हमें (शम्) सुख प्रदान करें।

वि.मन्तव्यः इस सृष्टि का विस्तार दो संग्रामों से होता है। पहला संग्राम विद्युत् शक्ति और आवरक शक्ति के बीच होता है जिसमें विद्युत् शक्ति की विजय होती है। यह संघर्ष इन्द्र-वृत्रासुर संघर्ष के नाम से वेदों में विख्यात है। इन्द्र ब्रह्माण्डीय विद्युत् शक्ति का नाम है, जो कि ब्रह्माण्ड के विस्तार में सहायक है, जबकि वृत्र ब्रह्माण्ड की आवरक शक्ति है। इसे हम ब्रह्माण्ड की त्वचा भी कह सकते हैं जो कि ब्रह्माण्ड को संकुचित करती है। यदि वृत्र की जीत होती है तो ब्रह्माण्ड का संकोच प्रारम्भ होगा, जो कि उसके विनाश का द्योतक है। यदि इन्द्र विजयी होता है तो ब्रह्माण्ड का विस्तार होता है, जो कि उसकी स्थिति का द्योतक है। इन्द्र-वृत्रासुर संग्राम में इन्द्र ही विजय को प्राप्त होता है।

उसी प्रकार दूसरा संग्राम देवासुर संग्राम के नाम से विख्यात है। देव पार्थिव कण कहलाते हैं तथा असुर प्रतिकण हैं। देव असुरों को पराजित करते हैं, जिनसे इन्द्र की वृद्धि होती है, तथा देवों की संख्या-वृद्धि से सृष्टि-निर्माण होता है।

May, O Supreme One, cosmic energy and electric force benefit us. May electron and their electric force benefit us. May the electric force and electric charge help us increase our comfort and prosperity. May the electric force and the set of particles work as the protective shield for us in the war between Indra and V,tra and devas (particles) and asuras (anti-particles) and bless us with happiness.

NB: The expansion of the universe takes place due to two wars. The first war is known as Indra-Vṛtrāsura saṅgrāma, i.e. a war between Indra (electric force) and Vṛtra (the skin of the universe, which may be called as the surface tension of the universe). Indra is the electric force of the universe, and Vṛtra is the skin of the universe, which may also be called the surface tension of the universe. Indra is the repulsive electric force that causes the expansion of the universe. On the other hand, Vṛtra causes the universe's contraction, ultimately leading it to collapse. In this war between Indra and Vṛtra, Indra had to be victorious for the continuation of the universe.

The second war is known as devāsura-saṅgrāma, the annihilation of particles (devas) and anti-particles (asuras). Here, devas represent particles, and asuras represent anti-particles. When particles annihilate their anti-particles, the power of Indra increases, i.e. the electric force is added to the universe, and in this process, particles get an increase over anti-particles, resulting in the continuity of the universe..

ओं शं नो भगः शमु नः शंसो अस्तु शं नः पुरन्धिः शमु सन्तु रायः।
शं नः सत्यस्य सुयमस्य शंसः शं नो अर्यमा पुरुजातो अस्तु॥ ऋ. 7.35.2

Oṁ śaṁ no bhagaḥ śamu naḥ śaṁso astu śaṁ naḥ purandhiḥ śamu santu rāyaḥ. śaṁ naḥ satyasya suyamasya śaṁsaḥ śaṁ no aryamā purujāto astu.

(भगः) पार्थिव कणों का स्रोत (नः) हम लोगों के लिए (शम्) सुख प्रदान करे। (उ) जैसे (शंसः) प्रशंसा (नः) हमारे लिए (शम्) सुख देने वाली (अस्तु) है, वैसे ही (पुरन्धिः) पार्थिव कणों को धारण करने वाला (नः) हम लोगों के लिए (शम्) सुख दायक हो। (उ) जैसे (रायः) धन सम्पत्ति (नः) हमारे लिए (शम्) सुख देने वाली (सन्तु) है, वैसे ही (नः) हम लोगों के लिए (सत्यस्य) सत्य की और (सुयमस्य) सुन्दर नियमों की (शंसः) सराहना (शम्) सुख दायक हो। (पुरुजातः) सब लोगों में प्रसिद्ध (अर्यमा) न्यूट्रान कण ; दमनजतवदद्ध (नः) हमारे लिए (शम्) सुखदायक (अस्तु) हो।

May the source of particles be beneficial to us; may the sustainer of particles be beneficial to us, just as the word of praise makes us feel better and elated. Just as wealth comforts us, similarly, appreciation of truth, rules and regulations is for our betterment. May the famous neutron be for our benefit.

ओं शं नो धाता शमु धर्ता नो अस्तु शं न उरूची भवतु स्वधाभिः।
शं रोदसी बृहती शं नो अद्रिः शं नो देवानां सुहवानि सन्तु॥ ऋ. 7.35.3

Oṁ śaṁ no dhātā śamu dhartā no astu śaṁ na urūcī bhavatu svadhābhiḥ. śaṁ rodasī bṛhatī śaṁ no adriḥ śaṁ no devānāṁ suhavāni santu.

(धाता) सूर्य (नः) हम लोगों के लिए (शम्) सुख प्रदान करे। (उ) तथा (धर्ता) गुरुत्व शक्ति (नः) हमारे लिए (शम्) कल्याणकारक (अस्तु) हो। (उरूची) पृथ्वी (स्वधाभिः) अपनी धारण शक्ति से (नः) हमारे लिए (शम्) कल्याणकारक (भवतु) हो। (बृहती) विशाल (रोदसी) द्युलोक और पृथ्वी लोक (शम्) हमारे लिये कल्याणकारक हों। (अद्रिः) ब्रह्माण्ड की सतह (नः) हमारे लिए (शम्) कल्याणकारक (अस्तु) हो। (देवानाम्) प्राकृतिक शक्तियों के (सुहवानि) आह्वान (नः) हमारे लिए (शम्) कल्याणकारक (सन्तु) हों।

May the sun grant us peace; may the gravitational force be for our benefit; may the earth, along with her self-sustaining power, stand for our benefit. May the vast celestial sphere and earth benefit us, and the universe's surface stand in peace. May our invocations of the natural powers bring peace and harmony.

ओं शं नो अग्निर्ज्योतिरनीको अस्तु शं नो मित्रावरुणावश्विना शम्। शं नः सुकृतां सुकृतानि सन्तु शं न इषिरो अभि वातु वातः ॥ ऋ. 7.35.4

Oṁ śaṁ no agnir jyotir anīko astu śaṁ no mitrāvaruṇāvaśvinā śam. śaṁ naḥ sukṛtāṁ sukṛtāni santu śaṁ na iṣiro abhi vātu vātaḥ.

(अग्निः) पृथ्वी स्थानीय ऊर्जा (नः) हमारे लिए (शम्) सुखदायक हो। (ज्योतिः अनीकः) सूर्य का प्रकाश समूह (शम्) सुखदायक (अस्तु) हो। (मित्रावरुणौ) सूर्योदय और सूर्यास्त के (अश्विनौ) दोनों सन्ध्या समय (नः) हमें (शम्) सुख पहुँचाने वाले हों। (सुकृताम्) अच्छे कार्य करने वालों के (सुकृतानि) अच्छे कार्य (नः) हमारे लिए (शम्) सुख देने वाले (सन्तु) हों। (इषिरः) शीघ्र बहने वाला (वातः) वायु (नः) हम लोगों के लिए (शम्) सुखरूप (अभिवातु) सब ओर से बहे।

May geothermal energy be peaceful; may the solar light bring us peace. May twilight hours marked by sunrise and sunset grant us peace. May the noble deeds of noble persons grant us peace. May the swift-blowing breeze blow for our peace.

ओं शं नो द्यावापृथिवी पूर्वहूतौ शमन्तरिक्षं दृशये नो अस्तु। शं न ओषधीर्वनिनो भवन्तु शं नो रजसस्पतिरस्तु जिष्णुः ॥ ऋ. 7.35.5

Oṁ śaṁ no dyāvāpṛthivī pūrvahūtau śam antarikṣaṁ dṛśaye no astu. śaṁ na oṣadhīr vanino bhavantu śaṁ no rajasas patirastu jiṣṇuḥ.

(पूर्वहूतौ) सृष्टि के प्रारम्भ में उत्पन्न (द्यावापृथिवी) द्युलोक और पृथ्वी लोक (नः) हमें (शम्) सुख देने वाले हों। (अन्तरिक्षम्) अन्तरिक्ष (नः) हमारे (दृशये) दर्शनार्थ (शम्) सुखमय (अस्तु) हो। (वनिनः) वन की (ओषधीः) औषधियाँ (नः) हमारे लिए (शम्) सुखस्वरूप (भवन्तु) होवें। (रजसः) पार्थिव लोकों का (जिष्णुः) जयशील (पतिः) स्वामी (नः) हमारे लिए (शम्) सुखरूप (अस्तु) होवे।

May the first ever born solar region and earth bring peace; may the intermediate space be peaceful to our vision. May the herbs and shrubs of the forest bring us peace, and may the victorious Lord of our planets be in peace for us.

ओं शं न इन्द्रो वसुभिर्देवो अस्तु शमादित्येभिर्वरुणः सुशंसः। शं नो रुद्रो रुद्रेभिर्जलाषः शं नस्त्वष्टा ग्नाभिरिह श्रृणोतु ॥ ऋ. 7.35.6

Oṁ śaṁ na indro vasubhir devo astu śam ādityebhir varuṇaḥ suśaṁsaḥ. śaṁ no rūdro rūdrebhir jalāṣaḥ śaṁ nastvaṣṭā gnābhir iha sṛṇotu.

(इन्द्रोदेवः) वर्षा के जल (वसुभिः) अन्य वसुओं - पृथिवी, अग्नि, वायु, अन्तरिक्षलोक, द्युलोक, चन्द्रमा, और नक्षत्रों के साथ (नः) हमारे लिए (शम्) सुखस्वरूप (अस्तु) होवे। (आदित्येभिः) 12 महिनों के साथ (सुशंसः) अच्छी प्रकार स्तुति किया गया (वरुणः) सूर्य भी (शम्) हमारे लिएं सुखदायक हो। (रुद्रः) आत्मा (रुद्रेभिः) अन्य दस रुद्रों अर्थात् 10 प्राणों के साथ (जलाषः) दुःखों का निवारण करके (नः) हम लोगों के लिए (शम्) सुख रूप हो। (त्वष्टा) मेघ (ग्नाभिः) अपनी गडगडाहट के साथ (नः) हम लोगों को (शम्) सुख का समाचार (श्रृणोतु) सुनाये।

May the rainy waters along with other vasus [factors helping in sustenance of life on the earth] - like earth, agni, vāyu, antarikṣa, dyau, moon and constellations, bring peace unto us; may the 12 months that are invoked with the sun bring peace unto us; soul along with other ten prāṇas (vital airs) bring us peace, and may we hear the news of happiness in the thunder sound of cloud.

ओं शं नः सोमो भवतु ब्रह्म शं नः शं नो ग्रावाणः शमु सन्तु यज्ञाः। शं नः स्वरूणां मितयो भवन्तु शं नः प्रस्वः शम्वस्तु वेदिः ॥ ऋ. 7.35.7

Oṁ śaṁ naḥ somo bhavatu brahma śaṁ naḥ śaṁ no grāvāṇaḥ śamu santu yajñāḥ. śaṁ naḥ svarūṇāṁ mitayo bhavantu śaṁ naḥ prasvaḥ śamvastu vediḥ.

(सोमः) ब्रह्माण्डीय वैद्युतिक आवेश (नः) हम लोगों के लिए (शम्) सुखरूप (भवतु) हो। (ब्रह्म) सम्पूर्ण ब्रह्माण्ड (नः) हमारे लिए (शम्) सुखरूप हो। (ग्रावाणः) ब्रह्माण्ड की चारदिवारी (नः) हम लोगों के लिए (शम्) सुख रूप हो। (यज्ञाः) विभिन्न प्रकार की सृष्टि (उ) भी (शम्) सुखरूप (सन्तु) हों। (स्वरूणां मितयः) ब्रह्माण्ड रूपी यज्ञशाला के स्तम्भ (नः) हम लोगों के लिए (शम्) सुखरूप (भवन्तु) हों। (प्रस्वः) उत्पन्न जगत् (नः) हमारे लिए (शम्) सुखरूप हो, (उ) और (वेदिः) ब्रह्माण्डीय यज्ञ की वेदी रूप यह दृश्यमान पार्थिव लोक भी (शम्) सुखरूप ही (अस्तु) हो।

May the cosmic electric charge be peaceful; the whole universe gives us peace. May the boundary of the universe be peaceful. May various creations be peaceful. May the pillars of cosmic altars be peaceful. May the manifested universe bring us peace. May this universe, the altar of cosmic yajña, be peaceful.

ओं शं नः सूर्य उरुचक्षा उदेतु शं नश्चतस्रः प्रदिशो भवन्तु। शं नः पर्वता ध्रुवयो भवन्तु शं नः सिन्धवः शमु सन्त्वापः ॥ ऋ. 7.35.8

Oṁ śaṁ naḥ sūrya uruchakṣā udetu śaṁ naścatasraḥ pradiśo bhavantu. śaṁ naḥ parvatā dhruvayo bhavantu śaṁ naḥ sindhavaḥ śamu santvāpaḥ.

(उरुचक्षाः) सहस्रों लोगों का चक्षु (सूर्य) सूर्य (नः) हमारे (शम्) सुख के लिए (उदेतु) उदय हो, (चतस्रः) चारों (प्रदिशः) दिशाएं (नः) हमारे लिए (शम्) सुखदायक (भवन्तु) हों, (ध्रुवयः) अपने-अपने स्थान पर स्थिर रहने वाले (पर्वताः) पर्वत (नः) हमारे लिए (शम्) सुखदायक (भवन्तु) हों, (सिन्धवः) नदियाँ (नः) हमें (शम्) सुख देने के लिए बहें, (उ) और (आपः) जल (शम्) शान्ति प्रदान करने वाले (सन्तु) हों

May the sun, the eye of millions of people, rise in peace; may the four cardinal directions (east, west, north and south) be peaceful unto us; may the steady mountains be in peace and may the rivers flow in peace and water be for our peace.

ओं शं नो अदितिर्भवतु व्रतेभिः शं नो भवन्तु मरुतः स्वर्काः। शं नो विष्णुः शमु पूषा नो अस्तु शं नो भवित्रं शम्वस्तु वायुः॥ ऋ. 7.35.9

Oṁ śaṁ no aditir bhavatu vratebhiḥ śaṁ no bhavantu marutaḥsvarkāḥ. śaṁ no viṣṇuḥ śamu pūṣā no astu śaṁ no bhavitraṁ śaṁvastu vāyuḥ.

(अदितिः) पृथिवी का प्रभामडण्ल (व्रतेभिः) अपने नियम से (नः) हम लोगों के लिए (शम्) सुखरूप (भवतु) हो। (स्वर्काः) सुन्दर विकिरण वाला (मरुतः) विकिरण दबाव (नः) हम लोगों के लिए (शम्) सुखरूप (भवन्तु) हो। (विष्णुः) तीन लोकों में चलने वाला सृष्टि यज्ञ (नः) हमारे लिए (शम्) सुखरूप हो, (उ) और (पूषा) पार्थिव कणों का समुच्चय (नः) हमारे लिए (शम्) सुखरूप (अस्तु) हो। (भवित्रम्) भविष्य के कार्य (नः) हमारे लिए (शम्) सुख देने वाले हों, (उ) और (वायुः) अन्तरिक्ष भी (शम्) सुख प्रदान करने वाला (अस्तु) हो।

May the magnetosphere of the earth grant us peace through its rule of protecting. Radiation pressure, with its fantastic radiation, be peaceful to us. May the process of creation extended into three spaces be peaceful to us. May the set of particles bring us peace. May providence be peaceful to us and the intermediate space be peaceful too.

ओं शं नो देवः सविता त्रायमाणः शं नो भवन्तूषसो विभातीः। शं नः पर्जन्यो भवतु प्रजाभ्यः शं नः क्षेत्रस्य पतिरस्तु शम्भुः॥ ऋ. 7.35.10

Oṁ śaṁ no devaḥ savitā trāyamāṇaḥ śaṁ no bhavantūṣaso vibhātīḥ. śaṁ naḥ parjanyo bhavatu prajābhyaḥ śaṁ naḥ kṣetrasya patirastu śambhuḥ.

(त्रायमाणः) सृष्टि की रक्षा करने वाली (देवः सविता) द्युलोकस्थ ऊर्जा (नः) हमारे लिए (शम्) सुखरूप हो। (विभातीः) दीप्तिमान (ऊषसः) ऊषा की किरणें (नः) हम लोगों के लिए (शम्) सुखरूप (भवन्तु) हो। (पर्जन्यः) पर्जन्य सतह (नः) हम (प्रजाभ्यः) प्रजाजनों के लिए (शम्) सुखरूप (भवतु) हो। (क्षेत्रस्य) ब्रह्माण्ड की (पतिः) रक्षक (शम्भुः) विकिरण (नः) हमारे लिए (शम्) सुखरूप (अस्तु) हो।

May the divine energy, the saviour of creation, give us peace; may the glorious light of dawn be peaceful, and may the clouds be peaceful for us. May the cosmic radiation be peaceful to us.

ओं शं नो देवा विश्वदेवा भवन्तु शं सरस्वती सह धीभिरस्तु।
शमभिषाचः शमुरातिषाचः शं नो दिव्याः पार्थिवाः शं नो अप्याः ॥

ऋ. 7.35.11

Oṁ śaṁ no devā viśvadevā bhavantu śaṁ sarasvatī saha dhībhir astu. śam abhiṣācaḥ śamu rātiṣācaḥ śaṁ no divyāḥ pārthivāḥ śaṁ no apyāḥ.

(देवाः) द्युलोकस्थ (विश्वेदेवाः) ऊर्जा की सब शक्तियाँ (नः) हमें (शम्) सुख शान्ति प्रदान करने वाली (भवन्तु) हों। (सरस्वती) अन्तरिक्षस्थ ऊर्जा (धीभिः सह) बुद्धि तत्व के साथ (शम्) सुखरूप (अस्तु) हो। (अभिषाचः) सृष्टि उत्पत्ति यज्ञ में सहयोगी सभी शक्तियाँ (उ) भी (शम्) शान्ति प्रदान करें (रातिषाचः) ऊर्जा कणों का उपहार देने वाली सभी शक्तियाँ (नः) हमें (शम्) सुख शान्ति प्रदान करें। (दिव्याः) द्युलोकस्थ ऊर्जा कण, (पार्थिवाः) दृश्यमान पृथ्वी लोक के ऊर्जा कण तथा (अप्याः) अन्तरिक्षस्थ ऊर्जा कण (नः) हमें (शम्) सुख शान्ति प्रदान करें।

May all forms of light be peaceful unto us. May the energy of midspace, along with rainy waters, be in peace. May all associated forces of creation be for our peace, and may all energy-gifting forces be in peace. May the energy of the celestial sphere, midspace and earth be peaceful.

ओं शं नः सत्यस्य पतयो भवन्तु शं नो अर्वन्तः शमु सन्तु गावः ।
शं न ऋभवः सुकृतः सुहस्ताः शं नो भवन्तु पितरो हवेषु ॥ ऋ. 7.35.12

Oṁ śaṁ naḥ satyasya patayo bhavantu śaṁ no arvantaḥ śamu santu gāvaḥ. śaṁ na ṛbhavaḥ sukṛtaḥ suhastāḥ śaṁ no bhavantu pitaro haveṣu.

(सत्यस्य) सृष्टि के (पतयः) विनियामक सिद्धान्त (नः) हमारे लिए (शम्) सुखरूप (भवन्तु) हों। (अर्वन्तः) पृथ्वीस्थ ऊर्जा कण (नः) हमें (शम्) सुख शान्ति प्रदान करें। (उ) और (गावः) द्युलोकस्थ ऊर्जा कण (शम्) हमारे लिये सुखदायक (सन्तु) हों। (ऋभवः) द्युलोकस्थ प्रकाश किरणें भी (नः) हमारे लिए (शम्) सुखरूप हों। (सुकृतः) सृष्टि रचना का अच्छा कार्य करने वाले (सुहस्ताः) सृष्टि रचना जैसे अच्छे कार्यों में हाथ डालने वाले (पितरः) पार्थिव कण (हवेषु) सृष्टि यज्ञ में (नः) हमारे लिए (शम्) सुखरूप (भवन्तु) हों।

May the rules and principles governing the creation be in peace for us. May solar energy bring us peace. May the geothermal energy bring us peace. May cosmic rays be peaceful. May the particles participating in the noble cause of creation be peaceful in the creation process.

ओं शं नो अज एकपाद् देवो अस्तु शं नोऽहिर्बुध्न्यः शं समुद्रः। शं नो अपांनपात् पेरुरस्तु शं नः पृश्निर्भवतु देवगोपा ॥ ऋ. 7.35.13

Oṁ śaṁ no aja ekapād devo astu śaṁ no'hirbudhnyaḥ śaṁ samudraḥ. śaṁ no apāṁ napāt perūrastu śaṁ naḥ pṛśnir bhavatu devagopā.

(एकपात्) एक पाद (अजः) ऊर्जा (देवः) शक्ति (नः) हमारे लिए (शम्) सुखमय (अस्तु) हो। (अहिर्बुध्न्यः) ब्रह्माण्ड की आवरक शक्ति (नः) हमारे लिए (शम्) सुखमय हो। (समुद्रः) अन्तरिक्ष हमारे लिए (शम्) सुखमय हो। (अपांनपात्) पार्थिव उपकण का (पेरुः) रक्षक (नः) हमारे लिए (शम्) सुखमय (अस्तु) हो। (देवगोपा) विभिन्न ऊर्जा शक्तियों का रक्षक (पृश्निः) द्युलोक (नः) हमारे लिए (शम्) सुखमय (भवतु) हो।

वि.मन्तव्यः द्युलोकस्थ ऊर्जा एकपात् कहलाती है। वही ऊर्जा जब अन्तरिक्ष में स्थानान्तरित होती है तो द्विपात् कहलाती है। पृथिवी लोक में स्थानान्तरित होकर पार्थिव कणों मे परिवर्तित होकर वह चतुष्पात् कहलाती है।

May the single footed energy give us peace. May the surface tension enveloping the universe bring us peace. The intermediate space be peaceful. May the source of subatomic particles lead us unto peace. May the space, the custodian of various energy forces give us peace.

NB: Energy in the Chidākāśa is known as one footed. Upon it transfer to intermediate space, it becomes two-footed, but its final transfer to Bhūtākāśa makes it four-footed.

ओम् इन्द्रो विश्वस्य राजति। शं नो अस्तु द्विपदे शं चतुष्पदे ॥

यजु. 36.8

Om indro viśvasya rājati.
śaṁ no astu dvipade śaṁ catuṣpade.

(इन्द्रः) विद्युत् शक्ति (विश्वस्य) समस्त विश्व में (राजति) सुशोभित हो रही है। (द्विपदे) द्विपात् और (चतुष्पदे) चतुष्पात् पार्थिव कण□ (नः) हमारे लिए (शम्) सुखमय (अस्तु) हों।

Indra (the electric force) is one of the most powerful, fundamental forces in the universe. The particles manifested under two feet and four feet may be peaceful to us.

ओं शं नो वातः पवताꣳ शं नस्तपतु सूर्य्यः।
शं नः कनिक्रदद् देवः पर्जन्यो अभि वर्षतु ॥ यजु. 36.10
Oṁ śaṁ no vātaḥ pavatāṁ śaṁ nas tapatu sūryaḥ.
śaṁ naḥ kanikradad devaḥ parjanyo abhi varṣatu.

(वातः) पवन (नः) हमें (शम्) सुख देने के लिए (पवताम्) बहे। (सूर्य्यः) सूर्य (नः) हमारे (शम्) सुख के लिए (तपतु) तपे। (कनिक्रदद्) गरजता हुआ (देवः) पृथिवी के वातावरण में स्थित (पर्जन्यः) मेघ (नः) हम लोगों के (शम्) सुख के लिए (अभिवर्षतु) सब ओर से वर्षा करे।

May the breezes blow peacefully for us; may the sun shine peacefully. May the clouds in atmosphere burst forth and send rain for our peace.

ओम् अहानि शं भवन्तु नः शꣳ रात्रीः प्रति धीयताम्। शं न इन्द्राग्नी भवतामवोभिः शं न इन्द्रावरुणा रातहव्या। शं न इन्द्रापूषणा वाजसातौ

शमिन्द्रासोमा सुविताय शं योः ॥ यजु. 36.11

Om ahāni śaṁ bhavantu naḥ śaṁ rātrīḥ prati dhīyatām. śaṁ na indrāgnī bhavatāmavobhiḥ śaṁ na indrāvaruṇā rātahavyā. śaṁ na indrā pūṣaṇā vājasātau śamindrā somā suvitāya śaṁ yoḥ.

(अहानि) पार्थिव कणों की उत्पत्ति (नः) हमारे लिए (शम्) कल्याणकारी (भवन्तु) हो। (रात्रीः) पार्थिव कणों का विनाश भी (नः) हमारा (शम्) कल्याण (प्रति धीयताम्) करने वाला हो। (इन्द्राग्नी) विद्युत् शक्ति से संयुक्त पार्थिव ऊर्जा (नः) हम लोगों के लिए (शम्) कल्याण कारक (भवताम्) हों। (इन्द्रावरुणा) विद्युत् शक्ति और उसके साथ संयुक्त इलैक्ट्रान (रातहव्या) जिनकी आहुति सुष्टि यज्ञ में दी जाती है, वे (नः) हमारे लिए (शम्) कल्याण कारक हों। (इन्द्रासोमा) विद्युत् शक्ति और विद्युत् आवेश (नः) हमारे (सुविताय) ऐश्वर्य और (शम्) सुख को बढाने वाले हों। (इन्द्रापूषणा) विद्युत् शक्ति और पार्थिव कणों का समूह (वाजसातौ) इन्द्रवृत्रासुर (विद्युत् शक्ति और आवरक शक्ति के) संग्राम और देवासुर (पार्थिवकण और प्रतिकणों के) संग्राम में (योः) दोनों (अवोभिः) रक्षा कवच बन कर (नः) हमें (शम्) सुख प्रदान करें।

May the creation of particles be for our peace. May the annihilation of particles be for our peace. The electric force associated with the energy of observer space brings us peace. May the electric force associated with electrons be peaceful for us. May the electric force associated with the electric charge bring us peace. May the electric force associated with the set of charged particles be peaceful. May this electric force and charged particles act as a protective shield for us in the battle between Indra (repulsive electric force) and v,tra (surface tension of universe), where matter particles and their anti-particles annihilate each other.

ओं शं नो देवीरभिष्टय आपो भवन्तु पीतये। शंयोरभि स्रवन्तु नः ॥

यजु. 36.42

Oṁ śaṁ no devīr abhiṣṭaye āpo bhavantu pītaye.

śaṁyor abhi-sravantu naḥ.

अर्थ- (देवीः) ये वर्षा से प्राप्त होने वाले (आपः) जल (नः) हमारे (पीतये) पीने लायक तथा (अभिष्टये) अभीष्ट की सिद्धि करने वाले हों (शं) शान्ति और सुख देने वाले तथा हों। ये सब जल (नः) हमारी (शंयोः) सुख और शान्ति के लिए (अभिस्रवन्तु) चारों ओर बहें। (बाढ इत्यादि से तबाही न मचायें, ऐसा अभिप्राय समझना चाहिए)।

May God these rainy waters fulfil our needs and desires and be calm, tranquil and potable. Let all these waters flow for our happiness and prosperity, i.e. should not cause any catastrophe through floods, etc.

ओं द्यौः शान्तिरन्तरिक्षꣳ शान्तिः पृथिवी शान्तिरापः शान्तिरोषधयः शान्तिः। वनस्पतयः शान्तिर्विश्वे देवाः शान्तिर्ब्रह्म शान्तिः सर्वꣳ शान्तिः शान्तिरेव शान्तिः सा मा शान्तिरेधि ॥ यजु. 36.17

Oṁ dyauḥ śāntirantarikṣaꣳ śāntiḥ pṛthivī śāntirāpaḥ śāntiroṣadhayaḥ śāntiḥ; vanaspatayaḥ śāntirviśve devāḥ śāntirbrahma śāntiḥ sarvaꣳ śāntiḥ śāntireva śāntiḥ sā mā śāntiredhi

(द्यौः) द्युलोक (शान्तिः) शान्तिकारक हो, (अन्तरिक्षम्) पृथ्वी और द्युलोक का मध्य लोक अर्थात् अन्तरिक्ष लोक (शान्तिः) शान्तिदायक हो। (पृथिवी) पृथ्वी लोक (शान्तिः) शान्तिदायक हो। (आपः) जल (शान्तिः) शांतिदायी हों। (ओषधयः) सोमलतादि औषधियाँ (शान्तिः) शान्तिदायक हों। (वनस्पतयः) वनस्पतियाँ (शान्तिः) शान्तिदायक हों। (विश्वेदेवाः) सब प्राकृतिक शक्तियाँ (शान्तिः) शान्तिदायक हों। (ब्रह्म) ज्ञान (शान्तिः) शान्तिदायक हो। (सर्वम्) सब पदार्थ (शान्तिः) शान्तिदायक हों। (शान्तिः) शान्ति (एव) भी (शान्तिः) सच्ची शान्ति हो। (सा) ऐसी (शान्तिः) शान्ति (मा) मुझको (एधि) प्राप्त हो।

May there be peace in the solar region, the mid-region, and the earth. May the waters flow peacefully. May the herbs and shrubs, with powers of healing, grow peacefully. May all natural forces bring us peace. Knowledge grants us peace. Everything should bring us peace, and peace be peace in the true sense. Let that peace come to me.

ओं तच्चक्षुर्देवहितं पुरस्ताच्छुक्रमुच्चरत् । पश्येम शरदः शतं जीवेम शरदः शतꣳ श्रृणुयाम शरदः शतं प्र ब्रवाम शरदः शतमदीनाः स्याम शरदः शतं भूयश्च शरदः शतात् ॥ यजु. 36.24

Oṁ taccakṣur deva-hitaṁ purastāc chukram uccarat. paśyema śaradaḥ śataṁ jīvema śaradaḥ śataꣳ sṛṇuyāma śaradaḥ śataṁ pra bravāma śaradaḥ śatam adīnāḥ syāma śaradaḥ śataṁ bhūyaśca śaradaḥ śatāt.

(तत्) वह प्रकाशीय ऊर्जा (चक्षुः) ब्रह्माण्ड का चक्षु है। (देवहितम्) सब ऊर्जाकणों को अपने में समाहित किये हुये है। (पुरस्तात्) पूर्व दिशा में (शुक्रम्) देदीप्यमान इस प्रकाशीय ऊर्जा का (उच्चरत्) उदय होता है। उस ऊर्जा को ग्रहण करके हम (शतम्) सौ (शरदः) शरद् ऋतुओं तक (पश्येम) देखें। (शतम्) सौ (शरदः) शरद् ऋतुओं तक (जीवेम) जीयें। (शतम्) सौ (शरदः) शरद् ऋतुओं तक (श्रृणुयाम) शास्त्रों के मंगल वचनों को सुनें। (शतम्) सौ (शरदः) शरद् ऋतुओं तक (प्रब्रवाम) बोलें, पढावें और उपदेश करें। (शतम्) सौ (शरदः) शरद् ऋतुओं तक (अदीनाः) दीनता रहित होकर जीवन यापन (स्याम) करें। (शतात्) सौ से भी (भूयश्च) अधिक (शरदः) शरद् ऋतुओं तक देखें, जीवें, सुनें, पढें, उपदेश करें और अदीन रहें।

That light energy is the eye of the universe. It embodies in itself all energy particles. This shining light energy rises in the east. Having endowed with that energy, may we see for a hundred autumn seasons; may we hear Śāstras for a hundred autumn seasons; may we speak, teach and preach for a hundred autumn seasons; may we be unsubdued for a hundred autumn seasons, may we do so even more than a hundred autumn seasons.

ओं यज्जाग्रतो दूरमुदैति दैवं तदु सुप्तस्य तथैवैति। दूरङ्गमं ज्योतिषां ज्योतिरेकं तन्मे मनः शिवसंकल्पमस्तु ॥ यजु. 34.1

Oṁ yaj jāgrato dūram udaiti daivaṁ tadu suptasya tathaivaiti. dūraṅgamaṁ jyotiṣāṁ jyotir ekaṁ tanme manaḥ śiva-saṁkalpam astu.

(यत्) जो (दैवम्) जीवात्मा का साधनरूप मन है (तत्) वह (जाग्रतः) जागृत अवस्था में (दूरम्) दूर तक (उद् एति) भागता है, (उ) और (सुप्तस्य) स्वप्न अवस्था में भी (तथा) वैसे (एव) ही (एति) भागता है। (दूरं गमम्) वह मन दूर तक दौड लगाता है। (ज्योतिषाम्) सब इन्द्रियों के ज्ञान का (एकम्) एकमात्र (ज्योतिः) प्रकाशक है। (तत्) वह (मे) मेरा (मनः) संकल्प विकल्पात्मक मन (शिव) कल्याणकारी (संकल्पम्) इच्छा करने वाला (अस्तु) हो।

वि.मन्तव्यः इस विषय में महर्षि वात्स्यायन कहते हैं-इन्द्रियाँ अपने विषय को ग्रहण कर मन को सौंप देती है, मन बुद्धि को सौंप देता है, बुद्धि आत्मा से संयुक्त होता है और आत्मा ज्ञान का प्रकाश करता है।

The far-going and lightest mind, which is the instrument of the soul, flies to distances in one's wakeful state and even so in one's sleep. May the mind, an instrument of the soul, be filled with beautiful, benevolent thoughts.

NB: In this regard, Maharṣi Vātsyāyana holds that sense organs are the external receptors. They receive information from the outside world and pass it on to the mind. The mind passes it on to the intellect, and knowledge takes place when the intellect comes into contact with the soul.

ओं येन कर्माण्यपसो मनीषिणो यज्ञे कृण्वन्ति विदथेषु धीराः।
यदपूर्वं यक्षमन्तः प्रजानां तन्मे मनः शिवसंकल्पमस्तु ॥ यजु. 34.2

Oṁ yena karmāṇyapaso manīṣiṇo yajñe kṛṇvanti vidatheṣu dhīrāḥ. yad apūrvaṁ yakṣam antaḥ prajānāṁ tanme manaḥ śiva-saṁkalpam astu.

(येन) जिस मन द्वारा (अपसः) कर्मकाण्ड में निष्णात (धीराः) मेधावी और (मनीषिणः) संयमी लोग (यज्ञे) सृष्टि उत्पत्ति की प्रक्रिया पर प्रकाश डालने वाले

श्रौत यज्ञों में (कर्माणि) विभिन्न अनुष्ठान (कृण्वन्ति) करते हैं और (विदथेषु) ज्ञान-विज्ञान की खोज में (यत्) जो (अपूर्वम्) अपूर्व (यक्षम्) भूमिका निभाता है, जो (प्रजानाम्) प्राणियों के (अन्तः) अन्दर स्थित है, (तत्) वह (मे) मेरा (मनः) संकल्प विकल्पात्मक मन (शिव) कल्याणकारी (संकल्पम्) इच्छा करने वाला (अस्तु) हो।

That, by which the wise ones, who are expert in rituals and observe self-restraint, perform their various rituals in the Śrauta yajñas, which allegorically represent the process of creation; that which plays an exceptional role in the pursuit of knowledge and science; that which exists as an inner sense of creatures; may that my mind be filled with beautiful and benevolent thoughts.

ओं यत्प्रज्ञानमुत चेतो धृतिश्च यज्ज्योतिरन्तरमृतं प्रजासु। यस्मान्न ऋते किंचन कर्म क्रियते तन्मे मनः शिवसंकल्पमस्तु ॥ यजु. 34.3

Oṁ yat prajñānam uta ceto dhṛtiśca yaj jyotir antar amṛtaṁ prajāsu. yasmānna ṛte kiṁ cana karma kriyate tanme manaḥ śiva-saṁkalpam astu.

(यत्) जो मन (प्रज्ञानम्) ज्ञान का उत्पादक (उत) और (चेतः) स्मृति का साधन है, (धृतिश्च) जो धैर्य स्वरूप और लज्जादि कर्मों का हेतु है, (यत्) जो (प्रजासु) मनुष्यों के (अन्तर्) अन्तः करण में स्थित (अमृतम्) अमर (ज्योतिः) प्रकाश की तरह विद्यमान है। (यस्मात्) जिसके (ऋते) विना मनुष्य द्वारा (किंचन) कोई भी (कर्म) काम (न) नहीं (क्रियते) किया जा सकता, (तत्) वह (मे) मेरा (मनः) संकल्प विकल्पात्मक मन (शिव) कल्याणकारी (संकल्पम्) इच्छा करने वाला (अस्तु) हो।

That, which is the means of cognition, that which is the means of memory, that which is patience and causes one to feel ashamed, that which is located like immortal light inside human beings, that without which no action is performed, may that my mind be filled with beautiful and benevolent thoughts.

ओं येनेदं भूतं भुवनं भविष्यत्परिगृहीतममृतेन सर्वम्। येन यज्ञस्तायते सप्तहोता तन्मे मनः शिवसंकल्पमस्तु॥ यजु. 34.4

Oṁ yenedaṁ bhūtaṁ bhuvanaṁ bhaviṣyat parigṛhītam amṛtena sarvam. yena yajñas tāyate saptahotā tanme manaḥ śiva saṁkalpam astu.

(येन) जिस (अमृतेन) अमर मन द्वारा (भूतम्) भूतकाल, (इदम्) इस (भुवनम्) वर्तमान काल, तथा (भविष्यत्) भविष्यकाल का (सर्वम्) सब वृत्तान्त (परिगृहीतम्) सर्वथा ज्ञात हो जाता है, (येन) जिसके द्वारा (सप्तहोता) मन, बुद्धि और पांच इन्द्रियों वाले सप्तहोता (यज्ञः) आत्म-यज्ञ का (तायते) वितान या विस्तार होता है, (तत्) वह (मे) मेरा (मनः) संकल्प विकल्पात्मक मन (शिव) कल्याणकारी (संकल्पम्) इच्छा करने वाला (अस्तु) हो।

That immortal one, by which is held all the news of past, present and future; that by which the *ātma yajña* consisting of the seven priests (mind, intellect and five sense organs) is carried out, may that my mind be filled with beautiful and benevolent thoughts.

ओं यस्मिन्नृचः साम यजूꣳषि यस्मिन् प्रतिष्ठिता रथनाभाविवाराः। यस्मिंश्चित्तꣳ सर्वमोतं प्रजानां तन्मे मनः शिवसंकल्पमस्तु॥ यजु. 34.5

Oṁ yasminnṛchaḥ sāma yajūꣳṣi yasmin pratiṣṭhitā rathanābhāvivārāḥ; yasiṁmaśchittaꣳ sarvamotaṁ prajānāṁ tanme manaḥ śivasaṁkalpamastu.

(यस्मिन्) जिस मन में (ऋचः) ऋचाएं, (साम) साम और (यजुंषि) याजुष मन्त्र (प्रतिष्ठिताः) उसी प्रकार प्रतिष्ठित हैं (इव) जिस प्रकार से (रथनाभौ) पहिये की नाभि में (अराः) आरे स्थित होते हैं। (प्रजानाम्) प्राणियों के (यस्मिन्) जिस मन में (सर्वम्) सबप्रकार का (चित्तम्) ज्ञान (ओतम्) ओत प्रोत है, (तत्) वह (मे) मेरा (मनः) संकल्प विकल्पात्मक मन (शिव) कल्याणकारी (संकल्पम्) इच्छा करने वाला (अस्तु) हो।

That, by which are secured the verses of the *Ṛgveda*, the *Yajurveda*, and the *Sāmaveda* like the spokes are secured in the hub of a wheel; that into which rest all types of knowledge, may that my mind be filled with beautiful and benevolent thoughts.

ओं सुषारथिरश्वानिव यन्मनुष्यान्नेनीयतेऽभीशुभिर्वाजिन इव। हृत्प्रतिष्ठं यदजिरं जविष्ठं तन्मे मनः शिवसंकल्पमस्तु॥ यजु. 34.6

Oṁ suṣārathir aśvān iva yan manuṣyān neniyate" bhīśubhir vājina iva. hṛt pratiṣṭhaṁ yad ajiraṁ javiṣṭhaṁ tanme manaḥ śiva-saṁkalpam astu.

(यत्) जो मन (मनुष्यान्) मनुष्यादि प्राणियों को (नेनीयते) अत्यधिक इधर-उधर वैसे ही घुमाता है, (इव) जैसे (सुषारथिः) अच्छा वाहक सारथी अर्थात् गाडीवान् (अभीशुभिः) लगाम से (वाजिनः अश्वान्) सुशिक्षित वेगवान् घोडों को सब ओर चलाता है। (यत्) जो मन (हृत्प्रतिष्ठम्) हृदय में स्थित, (अजिरम्) निरन्तर गतिशील और (जविष्ठम्) अत्यंत वेगवान् है, (तत्) वह (मे) मेरा (मनः) मन (शिव) कल्याणकारी (संकल्पम्) इच्छा करने वाला (अस्तु) हो।

That which, like an expert charioteer controlling the horses with the reins held fast, ever leads men; that which is heart-abiding, ever-moving, and speediest of all forces, may that my mind be filled with beautiful and benevolent thoughts.

ओं स नः पवस्व शं गवे शं जनाय शमर्वते।
शं राजन्नोषधीभ्यः ॥ सा.उ. 1.3 (653); ऋ.9.11.3

Oṁ sa naḥ pavasva śaṁ gave śaṁ janāya śamarvate. śaṁ rājann oṣadhībhyaḥ.

(राजन्) हे तेजस्वी वैद्युतिक आवेश! (सः) वह तू (नः) हमें (पवस्व) पवित्र कर, तू (गवे) गौ नामक कणों पर (शम्) शान्तभाव से वितरित हो, (जनाय) अन्य कणों पर भी (शम्) शान्तभाव से वितरित हो, (अर्वते) अश्व नामक कणों पर (शम्) शान्तभाव से वितरित हो, और (ओषधीभ्यः) आवेशित कणों पर भी (शम्) शान्तभाव से वितरित हो।

वि. मन्तव्यः उक्त मन्त्र बता रहा है कि विद्युत् आवेश विभिन्न आवेशित कणों

पर समान रूप से वितरित रहता है।

Purify us, O Shining electric charge, be quietly distributed over Gau, Aśva and other particles, as well as over other charged particles.

NB: Here, the mantras state that electric charge remains distributed over different types of charged particles.

ओम् अभयं नः करत्यन्तरिक्षमभयं द्यावापृथिवी उभे इमे। अभयं पश्चादभयं पुरास्तादुत्तरादधरादभयं नो अस्तु॥ अथर्व. 19.15.5

Om abhayaṁ naḥ karatyantarikṣam abhayaṁ dyāvāpṛthivī ubhe ime. abhayaṁ paścād abhayaṁ purastād-uttrād-adharād-abhayaṁ no astu.

(अन्तरिक्षम्) पृथ्वी और द्युलोक का मध्यलोक अर्थात् अन्तरिक्षलोक (नः) हमें (अभयम्) भय रहित (करति) करे। (इमे) ये (उभे) दोनों (द्यावापृथिवी) द्युलोक और पृथ्वी लोक भी (अभयम्) भय रहित करें। (नः) हमें (पश्चाद्) पीछे से, (पुरस्तात्) सामने से, (उत्तरात्) ऊपर से (अधरात्) नीचे से (अभयम्) भय न (अस्तु) हो।

May the intermediate space cause us no fear, no fear from the sun and on the earth. May there be no fear from behind and from the front, and may there be no fear from above and below.

ओम् अभयं मित्रादभयममित्रादभयं ज्ञातादभयं पुरो यः। अभयं नक्तमभयं दिवा नः सर्वा आशा मम मित्रं भवन्तु॥ अथर्व. 19.15.6

Om abhayaṁ mitrād abhayam amitrād abhayaṁ jñātād abhayaṁ puro yaḥ. abhayaṁ naktam abhayaṁ divā naḥ sarvā āśā mama mitraṁ bhavantu.

(नः) हमें (मित्रात्) मित्र से (अभयम्) भय न हो, (अमित्रात्) दुश्मन से (अभयम्) भय न हो, (ज्ञातात्) जानकार से (अभयम्) भय न हो, (यः) जो (पुरः) हमारे सामने है उससे भी भय न हो, (नक्तम्) रात्रि में (अभयम्) भय न

हो, (दिवा) दिन में (अभयम्) भय न हो। (सर्वाः) सब (आशाः) दिशायें (मम) मेरी (मित्रम्) मित्र (भवन्तु) हों।

No fear from the friend, no fear from the foe, no fear from what is known to us, and no fear of what is in front of us. No fear in the night and no fear in the day. May all directions be friends to us.

इति शान्तिकरणम्

अथ आचमन-मन्त्राः

Mantras for sipping waters

1. ओम् अमृतोपस्तरणमसि स्वाहा ॥ तैत्तिरीय आ. 10.32.1

Om amṛtopastaraṇam asi svāhā.

(अमृत) हे अमृत रूप आपः नाम से विख्यात पार्थिव कण (उपस्तरणम् असि) तू बिछौने की तरह सब का आश्रय बन।

O Immortalized energy [prakṛti or inactive energy], you act as the shelter like bedspread (First Sip)

2. ओम् अमृतापिधानमसि स्वाहा ॥ तैत्तिरीय आ. 10.35.1

Om amṛtāpidhānam asi svāhā.

(अमृत) हे अमृत रूप आपः नाम से विख्यात पार्थिव कण (अपिधानम् असि) तू ओढनी की तरह सब का रक्षा कवच बन।

O Immortalized energy [prakṛti], you act as the protective shield like that of a shawl. (Second Sip)

3. ओं सत्यं यशः श्रीर्मयि श्रीः श्रयतां स्वाहा ॥

आपस्तम्ब गृह्य सू.1.24.29

Oṁ satyaṁ yaśāḥ śrīr mayi srīḥ śrayatāṁ svāhā.

हे परमेश्वर (सत्यम्) सत्य, (यशः) यश, (श्रीः) दैवी सम्पति और (श्रीः) ऐश्वर्य (मयि) मुझमें (श्रयताम्) विराजमान हों।

May, the truth, fame and spiritual wealth and prosperity ever be with us. (Third Sip)

अथ अंगस्पर्शमन्त्राः

Mantras for consecrating body parts

1. ओं वाङ्ग आस्येऽस्तु ॥

Oṁ vāṅma āsye'stu.

(मे) मेरे (आस्ये) मुख में (वाक्) वाणी की शक्ति (अस्तु) हो।

(इस मंत्र से मुख का स्पर्श करें।)

Let there be the power of speech in my mouth.

(Touch lips)

2. ओं नसोर्मे प्राणोऽस्तु ॥

Oṁ nasor me prāṇo'stu.

(मे) मेरी (नसोः) नासिका में (प्राणः) श्वास-प्रश्वास की शक्ति (अस्तु) हो।
(इस मंत्र से नासिका के दोनों छिद्रों का..)

Let there be breath in my nostrils (Touch nostrils)

3. ओम् अक्ष्णोर्मे चक्षुरस्तु ॥

Om akṣṇor me cakṣur astu.

(मे) मेरी (अक्ष्णोः) आंखों में (चक्षुः) देखने की शक्ति (अस्तु) हो।

(इस मंत्र से दोनों आंखों का स्पर्श करें।)

Let there be the sight in my eyes. (Touch eyes)

4. ओं कर्णयोर्मे श्रोत्रमस्तु ॥

Oṁ ṇyor me śrotram astu.

(मे) मेरे (कर्णयोः) कानों में (श्रोत्रम्) सुनने की शक्ति (अस्तु) हो।

(इस मंत्र से दोनों कानों का)

Let there be hearing-power in my ears. (Touch ears)

5. ओं बाह्वोर्मे बलमस्तु ॥

Oṁ bāhvor me balam astu.

(मे) मेरी (बाह्वोः) भुजाओं में (बलम्) बल (अस्तु) बना रहे।

(इस मंत्र से भुजाओं का)

Let there be prowess in my arms. (Touch arms)

6. ओम् ऊर्वोर्मे ओजोऽस्तु ॥

Om ūrvor ma ojo'stu.

(मे) मेरी (ऊर्वोः) दोनों जंघाओं में (ओजः) शक्ति (अस्तु) बनी रहे।

(इस मंत्र से दोनों जंघाओं का)

Let there be power in my thighs. (Touch thighs)

7. ओम् अरिष्टानि मेऽङ्गानि तनूस्तन्वा मे सह सन्तु ॥

पारस्कर गृह्य सू. **1.3. 25**

Om ariṣṭāni me'ṅgāni tanūs tanvā me saha santu.

(मे) मेरे (तनूः) शरीर के (अंगानि) अंग (अरिष्टानि) रोग रहित हों तथा (तन्वा) मेरे शरीर के (सह) साथ (सन्तु) रहें अर्थात् शरीर का साथ कभी न छोडें।

(इस मंत्र से सारे शरीर पर जल छिडकना।)

Let all the parts of my body be healthy and lasting.

(Sprinkle water on all parts of the body)

अथ अग्न्याधानमन्त्राः

Mantras for Placing fire

हवन सृष्टि यज्ञ का प्रतीक है। सृष्टि यज्ञ ऊर्जा के प्रज्वलन से प्रारम्भ होता है। हवन में भी अग्नि प्रज्वलन ऊर्जा के प्रज्वलन का द्योतक है।

विदेशी कपूर यथासम्भव न बरतें। सुनते हैं, उसमें अपवित्र पदार्थों का योग होता है। अच्छा हो, यदि समिधा को घृत लगाकर अग्नि को प्रदीप्त किया जाए।

Havan represents creation yajña. Creation yajña starts with the placement of energy in Bhūloka [Bhūtākāśa].

Warning: Never use foreign-made camphor. It is heard that it is a mixture of impure articles. It is better to kindle fire with the help of Samidhās (wooden sticks) dipped in ghṛta (clarified butter).

ओं भूर्भुवः स्वः ॥ गोभिल गृह्य सू. 1.1.11
Oṁ bhūr bhuvaḥ svaḥ.

(भूः) पृथ्वी, भूलोक (भुवः) अन्तरिक्ष और (स्वः) द्युलोक में यह ऊर्जारूप अग्नि विद्यमान है।

यह बोलकर ऊर्जा के प्रतिरूप अग्नि को कुण्ड में रखें। कुण्ड पृथ्वी, और भूलोक (भूताकाश) का परिचायक है।

Agni [energy] exists in active form in Bhūloka [Bhūtākāśa], intermediate space and in dark form in Brahmaloka [Brahmākāśa or Chidākāśa]

Instruction: Now, light a wick soaked in ghee or camphor in a spoon and place it in the havana-kuṇḍ (fire-altar), wherein arranged pieces of wood are smeared in ghee. [Note: Fire altar represents Bhūloka [earth and Bhūtākāśa] Chant the following mantras—

ओं भूर्भुवः स्वर्द्यौरिव भूम्ना पृथिवीव वरिम्णा। तस्यास्ते पृथिवि देवयजनि पृष्ठेऽग्निमन्नादमन्नाद्यायादधे॥ यजु. 3.5

Om̐ bhūr bhuvaḥ svar dyaur iva bhūmnā pṛthivīva varimṇā. tasyās te pṛthivi devayajani pṛṣṭhe" gnim annādam annādyāyādadhe.

(भूः) पृथ्वी, (भुवः) अन्तरिक्ष और (स्वः) द्यु इन सभी लोकों में यह ऊर्जारूप अग्नि स्थित है। यह ऊर्जारूप अग्नि (द्यौः) द्युलोक की (इव) तरह (भूम्ना) अपनी बहुलता और (पृथिवी) पृथ्वी की (इव) तरह (वरिम्णा) अपने विस्तार से जानी जाती है। (देवयजनि) हे देवयज्ञ का क्षेत्र (पृथिवि) पृथ्वी! (तस्याः) उस (ते) तेरी (पृष्ठे) पीठ पर (अन्नाद्याय) अन्न भक्षण के लिए (अन्नादम्) अन्न की भक्षक (अग्नि) अग्नि अर्थात् ऊर्जा को (आदधे) स्थापित करता हूँ।

वि.मन्तव्यः इस मंत्र में अग्नि को अन्नाद अर्थात् अन्न का भक्षण करने वाला कहा गया है। अन्न पार्थिव कणों का नाम है। अग्नि उनका भक्षण करता है। क्योंकि पृथिवी लोक पर पार्थिव कण अपने प्रतिकणों के साथ मिलकर अग्नि अर्थात् ऊर्जा में परिवर्तित हो जाते हैं। इस प्रकार अग्नि अर्थात् ऊर्जा का अन्नाद नाम सार्थक है। अन्न का अर्थ पार्थिव कण हैं। उनका भक्षण करने का अर्थ है पार्थिव कणों का ऊर्जा में परिवर्तन। यहाँ पर यह जानना आवश्यक है कि द्युलोक से ऊर्जा पृथ्वी लोक पर पार्थिव कणों में परिवर्तित होती है, जिससे पृथ्वी पर देवयज का विस्तार होता है। तथा पृथ्वी के पार्थिव कण अपने प्रतिकणों के साथ टकराकर ऊर्जा में परिवर्तित होते रहते हैं।

Energy exists in all three spaces—earth or Bhūtākāśa, midspace and solar region or Brahmaloka [Chidākāśa]. This energy is famous for its pervading power in the solar region or Chidākāśa and expansion on earth or Bhūtākāśa. Do I place this agni [energy], the consumer of anna, at thy back, O earth, for consuming oblations given in the fire of yajña [and Bhutākāśa for consuming particles, as particles are the food of energy]?

NB: This mantra talks about annihilating matter particles into energy in observer space. Energy or fire is called annāda; anna means the pair of matter particles and anti-matter particles, and their consumption means a change of particles and antiparticles into energy following their collision. Here, it may be known that there is a continuous interaction between light space and observer space, with energy changing into particles and particles into energy, thus causing the expansion of devayaja (creation of particles) in the observer space. The particles and antiparticles continue to change into energy following the annihilation process.

ओम् उद् बुध्यस्वाग्ने प्रतिजागृहि त्वमिष्टापूर्ते सꣳसृजेथामयं च।
अस्मिन्त्सधस्थे अध्युत्तरस्मिन् विश्वे देवा यजमानश्च सीदत ॥ यजु. 15.54

Om ud budhyasvāgne pratijāgṛhi tvamiṣṭ-āpūrte saṁsṛjethāmayaṁ ca. asmintsadhasthe adhyuttarasmin viśve devā yajamānaśca sīdata.

(अग्ने) हे पार्थिव ऊर्जारूप अग्नि ! (उद्बुध्यस्व) तू पृथिवी लोक पर प्रज्ज्वलित हो अर्थात् (प्रतिजागृहि) जागृत हो। (त्वम्) तू (इष्टापूर्ते) इष्ट पदार्थों की आपूर्ति का (संसृजेथाम्) सम्यक् निष्पादन कर। (अस्मिन्) इस पृथ्वी लोक पर (विश्वेदेवाः) सब पार्थिव कण (च) तथा (उत्तरस्मिन्) अगले (सधस्थे) द्युलोक में (अयम्) यह (यजमानः) सृष्टि यज्ञ का यजमान ऊर्जा (अधिसीदत) निवास करें।

वि.मन्तव्यः इस मंत्र में बताया गया है कि पृथ्वी लोक पार्थिव कणों का निवास स्थान है, तथा द्युलोक ऊर्जा का निवास स्थान है। द्युलोक से ऊर्जा पृथ्वी लोक पर पार्थिव कणों का रूप धारण करती है, तथा पृथ्वी लोक के पार्थिव कण ऊर्जा का रूप धारण कर पुनः द्युलोक में स्थानान्तरित हो जाते हैं।

Let the energy appear in the Bhūtākāśa [and earth]. O energy, you ensure the supply of those things required for the universe's creation. Let all the light and matter particles reside in the Bhūtākāśa, and this dark energy, the host of creation, resides in Brahmaloka [Chidākāśa].

NB: This mantra says that the abode of dark energy or

inactive energy is Brahmaloka [Brahma-space], and on being activated, it transfers its abode to Bhūtākāśa, also known as Brahmāṇḍa.

अथ समिधाधानमन्त्राः

Mantras for Placing of Samidhā in the Fire altar

निम्न मन्त्रों का वैज्ञानिक अभिप्राय है, पृथिवी लोक पर ऊर्जा की प्राप्ति। समिधा ऊर्जा की उत्पत्ति का प्रतीक है। प्रतिदिन किये जाने वाले हवन में तीन समिधाओं का विधान है। जिसका अभिप्राय है कि हमारे ब्रह्माण्ड को प्रतिदिन तीन बार ऊर्जा प्राप्त होती है।

आठ-आठ अंगुल लकडी की तीन समिधा घृत में भिगोकर पहले मन्त्र से पहली, दूसरे व तीसरे से दूसरी और चौथे मन्त्र से तीसरी समिधा कुण्ड में डालें।

इस मंत्र से पहली समिधा देवें।

The scientific significance of the below-given mantras is the creation of geothermal energy of earth [or energy of Bhūtākāśa/Brahmāṇḍa]. The samidhā is the means of creation of geothermal energy of the earth [or Bhūtākāśa]. There is a provision of offering three samidhā-s in the Havana to be performed daily, which symbolizes that mass energy is created three times daily at the surface of the universe [Brahmāṇḍa].

Take three pieces of wood, each about eight fingers (6 inches) long, dip them in the ghee and place each in the fire of havan kuṇḍa (fire-altar) one by one, reciting the following Mantras.

ओम् अयन्त इध्म आत्मा जातवेदस्तेनेध्यस्व वर्द्धस्व चेद्ध वर्द्धय चास्मान् प्रजया पशुभिर्ब्रह्मवर्चसेनान्नाद्येन समेधय स्वाहा। इदमग्नये जातवेदसे इदन्न मम ॥ आश्वलायन गृह्य सू.1.10.12

Om ayanta idhma ātmā jātavedas tenedhyasva varddhasva ceddha varddhaya cāsmān prajayā paśubhir brahma-varcasenānnādyena samedhaya svāhā. Idam agnaye jātavedase idanna mama.

(जातवेदः) सब उत्पन्न पदार्थों में विद्यमान ऊर्जारूप अग्नि (अयम्) यह समिधा (ते) तुझे (इध्म) प्रज्वलित करने वाला (आत्मा) आत्मा है। (तेन) इससे तू (इध्यस्व) प्रज्वलित हो, (च) और (पशुभिः प्रजया) पार्थिव कण रूपी संतान से, (ब्रह्मवर्चसेन) ब्रह्मवर्चस्व से (अन्नाद्येन) अन्नादि से (समेधय) हमें समृद्ध कर। (वर्द्धस्व) स्वयं भी बढ़, (अस्मान्) हमें भी (इद्ध) समृद्ध कर (च) और (वर्द्धय) प्रगति पथ पर आगे बढा। इसलिए (स्वाहा) यह आहुति दी जा रही है। (इदम्) यह आहुति (जातवेदसे) सब उत्पन्न पदार्थों में विद्यमान (अग्नये) ऊर्जारूप अग्नि के लिए है (इदम्) यह (मम) मेरे लिए (न) नहीं है।

वि.मन्तव्यः यहाँ समिधा से अभिप्राय है- पार्थिव कणों का उनके प्रतिकणों के साथ संहार।

First meaning in the context of Bhūtākāśa/Brahmāṇḍa: O Agni [energy] of Bhūtākāśa, this samidhā [gamma-rays bursts] acts as a soul to generate the energy of Bhūtākāśa, pervading in all objects born in Bhūtākāśa. Get kindled with this samidhā [gamma-ray bursts] and increase, having enriched with offshoots, matter particles, an effulgence, and abundance of mass-energy, and so do prosper us and lead us on the path of progress. Thus do I make this offering; it is intended for the energy of Bhūtākāśa/Brahmāṇḍa [agni] pervading all objects of Brahmāṇḍa and not for me.

NB: Here, Samidhā represents digdāha, literally meaning glow at the surface of the universe, which is nothing but the creation of energy at the surface of the universe. The phenomenon of digdāha can be compared to gamma-ray bursts occurring daily in our universe from unknown locations billions of light years away from Earth.

Second meaning in the context of Earth: This samidhā [fission process in the Earth] acts as a soul to generate geothermal energy of the Earth, O fire [energy] of creation yajña, pervading in all objects born on the Earth. Get kindled with this samidhā (fission process) and increase, having enriched with offshoots, domestic animals and progeny, intelligence, and abundance of crops and grains, and so do prosper us and lead us on the path of progress. Thus do I make this offering; it is intended for geothermal energy [agni] pervading all objects of the Earth and not for me.

Third meaning in the context of conventional fire of yajña: This samidhā [wooden stick] acts as a soul to kindle fire in the fire-altar, O fire of yajña. Get enkindled with this samidhā (wooden stick) and increase, having enriched with offshoots, domestic animals and progeny, intelligence, and abundance of crops and grains, and so do prosper us and lead us on the path of progress. Thus do I make this offering; it is intended for geothermal energy [agni] pervading all objects of the Earth and not for me.

दूसरी समिधा
Second Samidhā

ओं समिधाग्निं दुवस्यत धृतैर्बोधयतातिथिम् आस्मिन् हव्या जुहोतन स्वाहा॥ इदमग्नये इदन्न मम ॥ यजु. 3.1

Oṁ smidhāgniṁ duvasyata ghṛtair bodhayatātithim. āsmin havyā juhotana svāhā. idam agnaye idanna mama.

(समिधा) दिग्दाह रूप समिधा से (अग्निम्) पार्थिव ऊर्जा की (दुवस्यत) सेवा होती है। (घृतैः) दिग्दाह से उत्पन्न विकिरण से (अतिथिम्) ऊर्जारूप अतिथि को (बोधयत) प्रदीप्त करो। (अस्मिन्) इस सृष्टि यज्ञ में (हव्या) हवनीय पदार्थों की (आ) (जुहोतन) आहुति दो। इसलिए (स्वाहा) यह आहुति दी जा रही है। (इदम्) यह आहुति (अग्नये) ऊर्जारूप अग्नि को प्रदीप्त करने के लिए है (इदम्) यह (मम) मेरे लिए (न) नहीं है।

Samidhā, as already pointed out above, represents the natural phenomenon of digdāha (gamma-ray bursts) in the context of the generation of energy in Bhūtākāśa and nuclear fission reaction in the core of the Earth in the context of the generation of geothermal energy and wooden stick for kindling conventional fire in the yajña.

The First meaning in the context of Bhūtākāśa/Brahmāṇḍa: Samidhā (gamma rays bursts) cause the creation of energy on the surface of the universe. Let the gamma-ray bursts generate the energy. Make the offerings of suitable things for the progress and success of the process of creation in Bhūtākāśa. Thus do I make this offering; it is intended for kindling energy and not for me.

The Second meaning in the context of Earth: Samidhā (nuclear fission reaction in the Earth) causes the creation of geothermal energy. Let the fission reaction generate the energy. Make the offerings of suitable things for the progress and success of the creation process on Earth. Thus do I make this offering; it is intended for kindling energy and not for me.

Third meaning in the context of conventional fire of yajña: Samidhā (wooden stick) causes the kindling of fire in the fire-altar. Let these wooden sticks generate the fire. Make the offerings of suitable things for the progress and success of this yajña. Thus do I make this offering; it is intended for kindling energy and not for me.

ओं सुसमिद्धाय शोचिषे घृतं तीव्रं जुहोतन। अग्नये जातवेदसे स्वाहा ॥ इदमग्नये जातवेदसे इदन्न मम ॥ यजु. 3.2

Oṁ susmiddhāya śociṣe ghṛtaṁ tīvraṁ juhotana. agnaye jātavedase svāhā. idamagnaye jātavedase idanna mama.

(सुसमिद्धाय शोचिषे) अच्छी ऊर्जा दीप्त करने के लिए (तीव्रम्) तीव्रता से (घृतम्) आवेशित कणों की (जुहोतन) आहुति दो। (जातवेदसे) सब उत्पन्न पदार्थों में विद्यमान (अग्नये) ऊर्जारूप अग्नि के लिए (स्वाहा) यह आहुति दी जा रही है। (इदम्) यह आहुति (जातवेदसे) सब उत्पन्न पदार्थों में विद्यमान (अग्नये) ऊर्जारूप अग्नि के लिए है (इदम्) यह (मम) मेरे लिए (न) नहीं है।

Meaning in the context of conventional fire of yajña: To obtain a good amount of fire, offer the oblation of ghṛta. Thus do I make this offering for agni pervading all earthly objects; it is intended for agni pervading all earthly objects of and not for me.

Instruction: Place the second piece of wood (samidhā) dipped in ghee onto the fire in fire altar.

तीसरी समिधा
Third Samidhā

इस मंत्र से तीसरी समिधा की आहुति देवें।

ओं तन्त्वा समिद्भिरङ्गिरो घृतेन वर्द्धयामसि। बृहच्छोचा यविष्ठ्य स्वाहा। इदमग्नयेऽङ्गिरसे इदन्न मम॥ यजु. 3.3

Oṁ tantvā samidbhir aṅgiro ghṛtena varddhayāmasi. bṛhacchocā yaviṣṭhya svāhā. idam agnaye"ṅgirase idanna mama.

(अंगिरः) हे आवेशित कणों और विकिरण की ऊर्जा! (तम्) उस (त्वा) तुझे हम (घृतेन) आवेशित कणों से और (समिद्भिः) विकिरण से (वर्द्धयामसि) बढाते हैं। (यविष्ठ्य) हे नित्य युवा रहने वाली अग्निरूप ऊर्जा! तू (बृहत्) अच्छी तरह (आ शोच) दीप्त रह, इसलिए (स्वाहा) यह आहुति दी जा रही है। (इदम्) यह आहुति (अंगिरसे) आवेशित पार्थिव कणों में निवास करने वाली (अग्नये) अग्निरूप ऊर्जा के लिए है (इदम्) यह (मम) मेरे लिए (न) नहीं है।

Meaning in the context of conventional fire of yajña:

We increase you by ghṛta (clarified butter) charged particles and radiation. O ever-youthful Agni energy, let you kindle properly. Thus do I make this offering; it is intended for energy residing in charged matter particles and not for me.

Instruction: Now place the third piece of wood (samidhā) dipped in ghee on to the fire.

अथ घृताहुतिमन्त्राः

पांच आहुति घी की

Five Ghee Offerings

घृत ऊर्जा का प्रतीक हैं। पृथिवी सृष्टि वितान के लिए ऊर्जा की आवश्यकता होती है। अतः घृताहुति का उल्लेख हुआ है। निम्न मन्त्र का घृताहुति के साथ पांच बार पाठ करें। आहुति से बचे हुए घी को जलपात्र में इकट्ठा करते जाएं और यज्ञ समाप्ति पर मुखादि अंगों पर मलें।

Ghee is the symbol of energy. Energy is needed for the extension of creation on the earth. Hence, offering of Ghee is prescribed here. The following *mantra* should be recited five times followed by an oblation of a spoonful of ghee offered on the fire. The residue of each oblation should be collected in a utensil full of water and the same may be applied on face after the conclusion of Yajña.

ओम् अयन्त इध्म आत्मा जातवेदस्तेनेध्यस्व वर्द्धस्व चेद्ध वर्द्धय चास्मान् प्रजया पशुभिर्ब्रह्मवर्चसेनान्नाद्येन समेधय स्वाहा। इदमग्नये जातवेदसे इदन्न मम॥ आश्वलायन गृह्य सू.1.10.12

Om ayanta idhma ātmā jātavedas tenedhyasva varddhasva ceddha varddhaya cāsmān prajayā paśubhir brahma-varcasenānnādyena samedhaya svāhā. Idam agnaye jātavedase idanna mama.

(जातवेदः) सब उत्पन्न पदाथोंर् में विद्यमान ऊर्जारूप अग्नि (अयम्) यह समिधा (ते) तुझे (इध्म) प्रज्वलित करने वाला (आत्मा) आत्मा है। (तेन) इससे तू (इध्यस्व) प्रज्वलित हो, (च) और (पशुभिः प्रजया) पार्थिव कण रूपी संतान से, (ब्रह्मवर्चसेन) ब्रह्मवर्चस्व से (अन्नाद्येन) अन्नादि से (समेधय) हमें समृद्ध कर। (वर्द्धस्व) स्वयं भी बढ़, (अस्मान्) हमें भी (इद्ध) समृद्ध कर (च) और (वर्द्धय) प्रगति पथ पर आगे बढा। इसलिए (स्वाहा) यह आहुति दी जा रही है।

(इदम्) यह आहुति (जातवेदसे) सब उत्पन्न पदार्थोंर् में विद्यमान (अग्नये) ऊर्जारूप अग्नि के लिए है (इदम्) यह (मम) मेरे लिए (न) नहीं है।

वि.मन्तव्यः यहाँ समिधा से अभिप्राय है- पार्थिव कणों का उनके प्रतिकणों के साथ संहार।

First meaning in the context of Bhūtākāśa/Brahmāṇḍa: O Agni [energy] of Bhūtākāśa, this samidhā [gamma-rays bursts] acts as a soul to generate the energy of Bhūtākāśa, pervading in all objects born in Bhūtākāśa. Get kindled with this samidhā [gamma-ray bursts] and increase, having enriched with offshoots, matter particles, an effulgence, and abundance of mass-energy, and so do prosper us and lead us on the path of progress. Thus do I make this offering; it is intended for the energy of Bhūtākāśa/Brahmāṇḍa [agni] pervading all objects of Brahmāṇḍa and not for me.

NB: Here, Samidhā represents digdāha, literally meaning glow at the surface of the universe, which is nothing but the creation of energy at the surface of the universe. The phenomenon of digdāha can be compared to gamma-ray bursts occurring daily in our universe from unknown locations billions of light years away from Earth.

Second meaning in the context of Earth: This samidhā [fission process in the Earth] acts as a soul to generate geothermal energy of the Earth, O fire [energy] of creation yajña, pervading in all objects born on the Earth. Get kindled with this samidhā (fission process) and increase, having enriched with offshoots, domestic animals and progeny, intelligence, and abundance of crops and grains, and so do prosper us and lead us on the path of progress. Thus do I make this offering; it is intended for geothermal energy [agni] pervading all objects of the Earth and not for me.

Third meaning in the context of conventional fire of yajñā: This samidhā [wooden stick] acts as a soul to kindle fire in the fire-altar, O fire of yajña. Get enkindled with this samidhā (wooden stick) and increase, having enriched with offshoots, domestic animals and progeny, intelligence, and abundance of crops and grains, and so do prosper us and lead us on the path of progress. Thus do I make this offering; it is intended for geothermal energy [agni] pervading all objects of the Earth and not for me.

अथ जलप्रसेचनमन्त्राः

Mantras for puring water

जलपात्र में जल लेकर इन मन्त्रों से वेदी के चारों ओर क्रम से 'पूर्व', 'पश्चिम', 'उत्तर' फिर सब ओर जल छिड़कें।

Take water in a utensil meant for it and pour it all around the kuṇḍ, as directed, after each *Mantra.*

पूर्व दिशा में (in the east)

ओम् अदितेऽनुमन्यस्व ॥ गोभिल गृह्य सू. 1.3.1

Om adite'numanyasva.

(अदिते) हे पृथ्वी के सूर्य से प्रकाशित भाग! मुझे (अनुमन्यस्व) यज्ञ करने की अनुमति दीजिए।

O the sun-lit part of earth, permit me to perform this yaj¤a.

पश्चिम में (in the west)

ओम् अनुमतेऽनुमन्यस्व ॥ गोभिल गृह्य सू. 1.3.2

Om anumate"numanyasva.

(अनुमते) हे पृथ्वी के चन्द्रमा से प्रकाशित भाग! मुझे (अनुमन्यस्व) यज्ञ करने की अनुमति दीजिए।

O the moon-lit part of earth, permit me to perform this yajña.

उत्तर में (in the north)

ओं सरस्वत्यनुमन्यस्व ॥ गोभिल गृह्य सू. 1.3.3

Oṁ sarasvatyanumanyasva.

(सरस्वति) हे पृथ्वी के जलीय भाग! मुझे (अनुमन्यस्व) यज्ञ करने की अनुमति दीजिए।

O hydrosphere the earth, permit me to perform this yajña.

वेदी के चारों ओर (all four sides)

ओं देव सवितः प्रसुव यज्ञं प्रसुव यज्ञपतिं भगाय। दिव्यो गन्धर्वः केतपूः केतं नः पुनातु वाचस्पतिर्वाचं नः स्वदतु॥ यजु. 30.1

Oṁ deva savitaḥ prasuva yajñaṁ prasuva yajñapatiṁ bhagāya. divyo gandharvaḥ ketapūḥ ketaṁ nah punātu vācaspatir vācaṁ naḥ svadatu.

(देव सवितः) हे सृष्टि उत्पत्ति की हेतुभूत ऊर्जा! (यज्ञम्) सृष्टि यज्ञ का (प्रसुव) निष्पादन कर, और (भगाय) ऊर्जा को पार्थिव तत्त्व में परिवर्तन के लिए (यज्ञपतिम्) सृष्टियज्ञ के पालक तत्त्वों को (प्रसुव) प्रेरित कर। यह सृष्टि उत्पत्ति की हेतुभूत ऊर्जा (दिव्यः) द्युलोक में रहती है (गन्धर्वः) और पृथ्वीलोक को धारण करती है। यह ऊर्जा शक्ति (केतपूः) ब्रह्माण्ड में प्रज्ञा (Intelligence) का संचार करती है। अतः यह (नः) हमारी (केतम्) प्रज्ञा को भी (पुनातु) निखारे। (वाचस्पतिः) हे ब्रह्माण्डीय ऊर्जा के स्वामी परमेश्वर! (नः) हमारे लिए (वाचम्) इस ऊर्जा का (स्वदतु) उपयोग कीजिए।

First meaning in the context of Bhūtākāśa/Brahmāṇḍa: O energy, the material cause of creation, performs yajña of creation and stirs the creation-promoting elements towards transforming energy into matter particles. This energy, the material cause of creation, resides in dyauloka [Brahmākāśa] and sustains Bhūtākāśa. This energy impels intelligence into the universe. So, let it also sharpen our intelligence. May God, the Governor of this cosmic energy, make good use of this energy in our interest.

The Second meaning in the context of Earth: O solar rays performs yajña of creation on Earth for prosperity and stirs the creation-promoting elements. This energy, causing creation on Earth, resides in dyauloka [sun] and sustains life on the Earth. This solar energy impels intelligence on the Earth. So, let it also sharpen our intelligence. May God, the Governor of the energy, make this energy for our good use.

अथ आघारावाज्याहुतिमन्त्राः

Mantras for Ghee Offerings

आज्य शब्द अजा से उत्पन्न है। अतः आज्य का अर्थ है अजा से सम्बन्धित। इसीलिए कुछ विद्वान् आज्य का अभिप्राय बकरी का घी लेते हैं। परन्तु दैनिक यज्ञ तो गाय के घी से सम्पन्न होता है। प्रश्न है ऐसी स्थिति में यहां 'आज्य' शब्द का प्रयोग क्यों हुआ है। जैसा कि पहले भी बताया गया है अग्निहोत्र प्रतिदिन सूर्य की ऊर्जा से होने वाली पार्थिव सृष्टि का द्योतक है। यहां पर अजा का तात्पर्य उस सूर्य की नूतन ऊर्जा से है जिसका उपयोग अभी पृथिवी पर सृष्टि रचना में नहीं हुआ है। या वे द्युलोक के ऊर्जा कण जो अभी सृष्टि रचना हेतु पार्थिव कणों में परिवर्तित नहीं हुए हैं। अतः इन मन्त्रों से सूर्य के नवीन ऊर्जा कणों की पार्थिव सृष्टि के हेतु उपयोग की बात कही है। जिसको घृताहुति से उपलक्षित किया गया है। घृताहुति दें-पहले मन्त्र से पूर्व भाग में क्योंकि पृथिवी पर सबसे पहले सुर्य की ऊर्जा का प्रस्फुटन पूर्व दिशा में होता है। दूसरे से उत्तर में एक-एक आहुति दें।

(निम्न मन्त्र से वेदी के पूर्वभाग में आहुति दें, क्योकि अग्नि पूर्व दिशा का अधिपतिा है। पृथिवी पश्चिम से पूर्व की ओर घूमती है। पूर्व दिशा में सूर्य निकलता है। अतः पूर्व दिशा ऊर्जा का स्रोत है।)

Here, the word 'Ājya' is used to denote ghee. Ājya means 'that which pertains to Ajā', and the apparent meaning of Ajā is goat. So, naturally, some scholars argue that in Havana, ghee obtained from goats must be used instead of cows. However, the tradition gives us the understanding that only cow ghee can be used in Agnihotra. So, here the question arises as to why the word 'Ajā' is used to denote 'cow ghee'. The answer is simple. In the Vedas, the intended meaning of 'Ajā' is 'that which is 'unborn'. So, energy particles that have not transformed into matter particles are called Ajā.

On the other hand, solar energy that has not reached the earth to participate in or sustain creation is also known as Ajā. The energy of Chidākāśa that has not been activated to form Bhūtākāśa is also ajā. Cow ghee symbolises energy because cow ghee has a golden hue, which is the hue of energy.

So, offer the oblation of ghee by chanting the following mantras. With the chanting of the first mantra, offer ahuti/oblation in the east direction, as agni is the governor of the east direction. Earth rotates from west to east; the sun also rises in the east, thus allowing energy to enter from the east direction.

In the east :

ओम् अग्नये स्वाहा । इदमग्नये इदन्न मम ॥ 1 ॥

Om agnaye svāhā. Idam agnaye idanna mama.

(अग्नये) पार्थिव ऊर्जारूप अग्नि को प्रज्वलित करने लिए (स्वाहा) आहुति देता हूँ। (इदम्) यह आहुति (अग्नये) अग्नि के लिए है, (मम) मेरे लिए (न) नहीं।

(निम्न मन्त्र से वेदी के उत्तर भाग में आहुति दें, क्योंकि सोम उत्तर दिशा का अधिपति है। उत्तर दिशा में पृथिवी का चुम्बकत्व विद्यमान है।)

[Chanting below given mantra, ahuti be offered in the north direction of the fire altar, as earth's magnetism exists in the north direction].

In the north:

ओं सोमाय स्वाहा। इदं सोमाय इदन्न मम॥ 2 ॥

Oṁ somāya svāhā. idaṁ somāya idanna mama.

(सोमाय) वैद्युतिक धनावेश रूपी सोम की वृद्धि के लिए (स्वाहा) आहुति देता हूँ। (इदम्) यह आहुति (सोमाय) सोम के लिए है (मम) मेरे लिए (न) नहीं।

I offer the oblation to enhance the power of soma [+ve elements of universe]. This offering is for soma and not for me.

अथ आज्य-भागाहुति मन्त्राः

Mantras for Ājya-bhāga Offering

निम्न मन्त्र से वेदी के मध्य आहुति दें-

Offer oblation in the centre of fire altar and recite following mantras:

ओं प्रजापतये स्वाहा। इदं प्रजापतये इदन्न मम ॥ 1॥

Oṁ prajāpataye svāhā. idaṁ prajāpataye idanna mama.

(प्रजापतये) प्रजापति परमेश्वर के लिए आहुति देता हूँ। (इदम्) यह आहुति (प्रजापतये) प्रजापति परमेश्वर के लिए है (मम) मेरे लिए (न) नहीं।

This oblation is offered to Prajapati Parameśvara. This offering is intended for Prajapati Parameśvara and not for me.

ओम् इन्द्राय स्वाहा । इदमिन्द्राय इदन्न मम ।

Om indrāya svāhā. idam indrāya. idanna mama.

(इन्द्राय) विद्युत् शक्ति के लिए (स्वाहा) आहुति देता हूँ। (इदम्) यह आहुति (इन्द्राय) विद्युत् शक्ति के लिए है (मम) मेरे लिए (न) नहीं।

This oblation is offered to the electric force of the universe. This offering is intended for electric force and not for me.

अथ व्याहृति-आहुतिमन्त्राः

Mantras for Vyāhṛti-offerings

सम्पूर्ण ब्रह्माण्ड तीन स्तरों पर विभाजित है। पार्थिव लोक, द्युलोक और अन्तरिक्ष लोक। उसी प्रकार हमारा बह्माण्ड भी तीन भागों में विभाजित है. पृथिवी, सूर्य और अन्तरिक्ष। इन तीन स्तरों को ही तीन व्याहृति कहा गया है।

The whole universe has a three-tier arrangement - Bhūloka [Bhūtākāśa or Brahmāṇḍa], Dyauloka [Chidākāśa or Brahmaloka] and Antarikṣa [intervening space]. So far as our universe is concerned, it also has three three-tier systems: the sun [dyauloka], the earth [bhūloka] and the mid-space or magnetosphere [antarikṣa]. These three levels of the universe are known as three Vyāhṛtis.

ओं भूरग्नये स्वाहा । इदमग्नये इदन्न मम ॥ 1 ॥

Oṁ bhūr agnaye svāhā. Idam agnaye idanna mama.

(भूः अग्नये) पार्थिव ऊर्जारूप अग्नि को प्रज्वलित करने लिए (स्वाहा) आहुति देता हूँ। (इदम्) यह आहुति (अग्नये) अग्नि के लिए है (मम) मेरे लिए (न) नहीं।

This oblation is offered to kindle geothermal energy.This offering is intended for the geothermal energy of Bhūloka and not for me.

ओं भुवर्वायवे स्वाहा। इदं वायवे इदन्न मम ॥ 2 ॥

Oṁ bhuvar vāyave svāhā. idaṁ vāyave idanna mama.

(भुवः वायवे) अन्तरिक्षस्थ ऊर्जा की शक्ति बढाने के लिए आहुति देता हूँ। (इदम्) यह आहुति (वायवे) वायु के लिए है (मम) मेरे लिए (न) नहीं।

This oblation is offered to field energy of intermediate space. This offering is intended for field energy and not for me.

ओं स्वरादित्याय स्वाहा। इदमादित्याय इदन्न मम।

Oṁ svar ādityāya svāhā. Idam ādityāya idanna mama.

(स्वः आदित्याय) द्युलोकस्थ ऊर्जा की शक्ति बढाने के लिए (स्वाहा) आहुति देता हूँ। (इदम्) यह आहुति (आदित्याय) आदित्य के लिए है (मम) मेरे लिए (न) नहीं।

This oblation is offered to the energy of svarloka [Brahmaloka and Sun]. This offering is intended for the energy of svarloka and not for me.

ओं भूभुर्वः स्वरग्निवाय्वादित्येभ्यः स्वाहा। इदमग्निवाय्वादित्येभ्यः इदन्न मम॥ 4॥

Oṁ bhūr bhuvaḥ svar agni-vāyv-ādityebhyaḥ svāhā. Idam agni-vāyvādityebhyaḥ idanna mama.

(भूः भुवः स्वः) क्रमशः भूलोक, अन्तरिक्षलोक और द्युलोक में स्थित (अग्निवाय्वादित्येभ्यः) अग्नि, वायु और आदित्य नामक ऊर्जा के लिए एक साथ (स्वाहा) आहुति देता हूँ। (इदम्) यह आहुति (अग्नि-वायु-आदित्येभ्यः) अग्नि, वायु और आदित्य के लिए है (मम) मेरे लिए (न) नहीं।

This oblation is offered combinedly to the energy of Bhūloka [earth and Bhūtākāsa], Antarikṣa [intermediate sphere] and Brahmaloka [Chidākāśa or Svarloka]. This offering is specially intended for the energy of all the three spaces and not for me.

अथ स्विष्टकृत्-आहुतिमन्त्रः

Mantra for offering of sweet

स्विष्टकृत् आहुति घी और मिष्टान्न से दें।

The *sviṣṭa-kṛt āhuti* should be offered with ghee and some sweets.

ओं यदस्य कर्मणोऽत्यरीरिचं यद्वा न्यूनमिहाकरम्। अग्निष्टत् स्विष्टकृद् विद्यात् सर्वं स्विष्टं सुहुतं करोतु मे। अग्नये स्विष्टकृते सुहुतहुते सर्वप्रायश्चित्ताहुतीनां कामानां समर्द्धयित्रे सर्वान्नः कामान्त्समर्द्धय स्वाहा। इदमग्नये स्विष्टकृते इदन्न मम॥ आश्वलायन गृह्य सू. 1.10.12

Oṁ yadasya karmaṇo'tyarīricaṁ yadvā nyūnam ihākaram. agniṣṭat sviṣṭakṛd vidyāt sarvaṁ sviṣṭaṁ suhutaṁ karotu me. Agnaye sviṣṭakṛte suhuta-hute sarvaprāyaścitt-āhutīnāṁ kāmānāṁ samarddhayitre sarvānnaḥ kāmānt samarddhaya svāhā. idam agnaye sviṣṭakṛte idanna mama.

(अस्य) इस (कर्मणः) कर्म के सम्बन्ध में (यत्) जो (अति अरीरिचम्) विधि से अधिक किया गया है (यद्वा) अथवा (इह) इसमें (न्यूनम्) कुछ न्यून (अकरम्) किया गया है। (सु इष्टकृत्) सब इच्छित कामनाओं को पूरा करने वाला (अग्निः) परमात्मा (मे) मेरी (सर्वम्) सब (सु इष्टम्) इच्छाओं को (विद्यात्) जानता है। वह (तत्) उस न्यूनता या अधिकता को जिसके लिए (सुहुतम्) आहुति दी गई है, (करोतु) पूरा करे। (सु इष्टकृते) शुभ इच्छाओं को पूरा करने वाले (सुहुत-हुते) अच्छी प्रकार दी गई आहुतियों को सफल करने वाले और (सर्वप्रायश्चित्ताहुतीनाम्) सब प्रायश्चित्त आहुतियों को (कामानाम्) और सब कामनाओं को (समर्द्धयित्रे) सफल बनाने वाले (अग्नये) परमात्मा के लिए मैं (स्वाहा) यह आहुति देता हूँ। हे ईश्वर (नः) हमारी (सर्वान्) सब (कामान्) कामनाओं को (समर्द्धय) पूरा कर। (इदम्) यह आहुति (सु-इष्टकृते) शुभ इच्छाओं को पूरा करने वाले (अग्नये) परमात्मा के लिए है (मम) मेरे लिए (न) नहीं।

Whatever in my performance of yajña, I have done extra or less than required, may the Parameśvara, who fulfils all desires, who knows all our good desires, make up the difference of the oblations offered. This oblation is offered to Parameśvara, who fulfils all good desires, makes all offerings a success, and salvages offerings given in repentance towards fulfilling one's wishes. May Parameśvara fulfil all my desires. This offering is intended for Parameśvara, the fulfiller of all desires causing spiritual upliftment and not for me.

अथ प्राजापत्याहुतिमन्त्रः

Mantra for offering to Prajāpati

निम्न मन्त्र को मन में बोलकर घृताहुति दें-

Silently meditate on this *mantra* and make offering.

ओं प्रजापतये स्वाहा। इदं प्रजापतये इदन्न मम॥ यजु. 18.28

Oṁ prajāpataye svāhā. idaṁ prajāpataye idanna mama.

(प्रजापतये) प्रजापति परमेश्वर के लिए (स्वाहा) आहुति देता हूँ। (इदम्) यह आहुति (प्रजापतये) प्रजापति के लिए है (मम) मेरे लिए (न) नहीं।

This oblation is offered to Prajapati Parameśvara. This offering is intended for Prajapati Parameśvara and not for me.

अथ आज्याहुतिमन्त्राः

Mantras for Ghee-offerings

प्रधान होम सम्बन्धी

Associated with Main Homa

निम्न मन्त्रों से एक-एक घृताहुति दें-

Give four Ghee offerings, one with each of the following mantras.

ओं भूर्भुर्वः स्वः। अग्न आयूंषि पवस आ सुवोर्जमिषं च नः। आरे बाधस्व दुच्छुनां स्वाहा। इदमग्नये पवमानाय इदन्न मम॥ ऋ. 9.66.19

Oṁ bhūr bhuvaḥ svaḥ. agna āyūṁṣi pavasa ā suvorjam iṣaṁ ca naḥ. āre bādhasva ducchunāṁ svāhā. idamagnaye pavamānāya idanna mama.

(भूः) पृथ्वी, (भुवः) अन्तरिक्ष और (स्वः) द्यौ इन सभी लोकों में ऊर्जा का क्रमशः अग्नि, वायु और आदित्य के रूप में निवास है। (अग्ने) हे अग्नि रूप पार्थिव ऊर्जा! इस पृथ्वी लोक पर (आयूंषि) जीवन का (पवसे) संचार के लिए (नः) हमें (इषम्) अन्न (च) और (ऊर्जम्) शक्ति (आसुव) प्रदान करो, तथा हमारी (दुच्छुनाम्) सब बाधाओं को (आरे बाधस्व) दूर करो। (स्वाहा) इसीलिए यह आहुति दी जाती है। (इदम्) यह आहुति (पवमानाय) जीवन का संचार करने वाली ऊर्जा के लिए है, (इदम्) यह (मम) मेरे लिए (न) नहीं।

The energy is located in all three spaces- as agni in Bhūtākāśa/Bhūloka or earth, as vāyu in intermediate space and as āditya in Brahmaloka and Sun. O energy of the Bhūtākāśa/Bhūloka or earth, bring life in the Bhūtākāśa/Bhūloka or earth and grant us food grains and power. Remove all our hurdles. So, is made this offering. This offering is for energy that brings life and not for me.

ओं भूर्भुवः स्वः। अग्निर्ऋषिः पवमानः पा□ञ्चजन्यः पुरोहितः।

तमीमहे महागयं स्वाहा। इदमग्नये पवमानाय इदन्न मम ॥ ऋ. 9.66.20

Oṁ bhūr bhuvaḥ svaḥ. agnir ṛṣiḥ pavamānaḥ pāñcajanyaḥ purohitaḥ. tamīmahe mahāgayaṁ svāhā. idaṁ agnaye pavamānāya idaṁ na mama.

(भूः) पृथ्वी, (भुवः) अन्तरिक्ष और (स्वः) द्यौ इन सभी लोकों में ऊर्जा का क्रमशः अग्नि, वायु और आदित्य के रूप में निवास है। (अग्निः) यह अग्निरूप पार्थिव ऊर्जा (ऋषिः) सृष्टि का प्राणरूप है, (पवमानः) पृथ्वी लोक पर जीवन का संचार करने वाला है। यह (पा□ञ्चजन्यः) पृथ्वी, जलए अग्नि, वायु, और आकाश-इन पाँचों तत्वों से उत्पन्न होता है। यह (पुरोहितः) सृष्टि यज्ञ का पुरोहित है। हम (तम्) उस (महागयम्) पृथ्वी, अन्तरिक्ष और द्यौ रूपी विशाल घर वाली ऊर्जा की (ईमहे) कामना करते हैं। (स्वाहा) इसलिए यह आहुति दी जाती है। (इदम्) यह आहुति (पवमानाय) जीवन का संचार करने वाली (अग्नये) ऊर्जा के लिए है, (मम) मेरे लिए (न) नहीं।

The energy is located in all three spaces- as agni in Bhūtākāśa/Bhūloka or earth, as vāyu in intermediate space and as āditya in Brahmaloka and Sun. The geothermal energy of earth [and energy of Bhūtākāśa/Bhūloka] is the life principle of creation. It brings life to Bhūtākāśa/Bhūloka or earth. It creates five elements —Pṛthivī, Jala, Agni, Vāyu and Ākāśa. It is the precursor of creation. We wish to have energy that finds a big house in Bhūtākāśa/Bhūloka or earth, intermediate space and Brahmaloka and Sun. This offering is for energy that brings life and not for me.

ओं भूर्भुवः स्वः। अग्ने पवस्व स्वपा अस्मे वर्चः सुवीर्यम्॥ दधद्रयिं मयि पोषं स्वाहा॥ इदमग्नये पवमानाय इदन्न मम ॥ ऋ. 9.66.21

Oṁ bhūr bhuvaḥ svaḥ. agne pavasva svapā asme varcaḥ suvīryam. dadhad rayiṁ mayi poṣaṁ svāhā. idam agnaye pavamānāya idanna mama.

(भूः) पृथ्वी, (भुवः) अन्तरिक्ष और (स्वः) द्यौ इन सभी लोकों में ऊर्जा का क्रमशः अग्नि, वायु और आदित्य के रूप में निवास है। (अग्ने) पार्थिव अग्निरूप

ऊर्जा! (स्वपा) पृथिवी लोक में सृष्टि रचना का सुन्दर कर्म करने वाली (पवस्व) तुम पृथिवी लोक को पवित्र करो। (अस्मे) हमारे पृथ्वी लोक को (वर्चः) पार्थिव कण और (सुवीर्यम्) अच्छी विद्युत् शक्ति (दधत्) धारण कराओ। (मयि) मेरे इस पृथ्वी लोक पर (रयिम्) पार्थिव कणों की (पोषम्) पुष्टि हेतु (स्वाहा) यह आहुति दी जाती है। (इदम्) यह आहुति (पवमानाय) पृथिवी पर जीवन का संचार करने वाली (अग्नये) ऊर्जा के लिए है, (मम) मेरे लिए (न) नहीं।

The energy is located in all three spaces- as agni in Bhūtākāśa/Bhūloka or earth, as vāyu in intermediate space and as āditya in Brahmaloka and Sun. O geothermal energy, you perform the beautiful act of purifying the earth. Bring life to it. Provide it with (*rayim*) natural prosperity and (*poṣam*) nourishment. This offering is made to strengthen geothermal energy. This offering is for geothermal energy that brings life and not for me..

अन्त में प्रजापति परमात्मा को इस सृष्टि का निमित्त कारण मानते हुए, उसको निम्न मन्त्र से आहुति प्रदान की जाती है।

Finally a āhuti is offered to Prajāpati Parameśvara, Who is the efficient cause of this creation, with the following *mantra.*

ओं भूर्भुवः स्वः। प्रजापते न त्वदेतान्यन्यो विश्वा जातानि परिता बभूव। यत्कामास्ते जुहुमस्तन्नो अस्तु वयं स्याम पतयो रयीणां स्वाहा। इदं प्रजापतये इदन्न मम ॥ ऋ. 10.121.10

Oṁ bhūr bhuvaḥ svaḥ. prajāpate na tvad etānyanyo viśvā jātāni paritā babhūva. yat kāmās te juhumas tanno astu vayaṁ syāma patayo rayīṇāṁ svāhā. idaṁ prajāpataye idanna mama.

(भूः) पृथ्वी, (भुवः) अन्तरिक्ष और (स्वः) द्यौ इन सभी लोकों में अग्निस्वरूप प्रजापति परमेश्वर का वास है। हे (प्रजापते) सब प्रजा के स्वामी परमात्मा! (त्वत्) आप से (अन्यः) भिन्न दूसरा कोई (ता) उन (एतानि) इन (विश्वा) सब (जातानि)

उत्पन्न हुए जड चेतनादिकों को (परि ता) पार (न) नहीं (बभूव) कर सकता है, अर्थात् आप सर्वोपरि हैं। (यत्कामाः) जिस जिस पदार्थ की कामना वाले होके हम लोग (ते) आपकी भक्ति करें, (तत्) वह कामना (नः) हमारी सिद्ध (अस्तु) होवे। (वयम्) हम लोग (रयीणाम्) धनैश्वर्यों के (पतयः) स्वामी (स्याम) होवें। (इदम्) यह आहुति (प्रजापतये) परमात्मा के लिए है, (मम) मेरे लिए (न) नहीं।

Prajāpati Parmeśvara pervades all the three spaces-Bhūloka, Antarikṣa loka [intermediate space] and Brahmākāśa. O Lord of all people, none except Thee can surpass all animate and inanimate beings born in this universe. When we invoke you for our desired object, let it be ours. Let us be the possessor of all wealth. This offering is for the Lord of the universe and not for me.

अथ अष्टाज्याहुतिमन्त्राः

Mantras for eight Ghee-offerings

इन मंत्रों से घी की आठ आहुति देवें।

Offer eight oblations of *Ghee* with the following *mantras.*

ओं त्वन्नोऽग्ने वरुणस्य विद्वान् देवस्य हेळोऽव यासिसीष्ठाः। यजिष्ठो वह्नितमः शोशुचानो विश्वा द्वेषांसि प्रमुमुग्ध्यस्मत् स्वाहा॥ इदमग्निवरुणाभ्याम् इदन्न मम ॥ ऋ. 4.1.4

Oṁ tvanno'gne varuṇasaya vidvān devasya heḷo'ava yāsisīṣṭhāḥ. yajiṣtho vahnitamaḥ śośucāno viśvā dveṣāṁsi pra mumugdhyasmat svāhā. Idam agnivaruṇābhyām idanna mama.

(अग्ने) हे अग्निस्वरूप पुरुष! (त्वम्) तुम (वरुणस्य देवस्य) प्रकृति के (हेळः) कुप्रभाव को (नः) हमारे प्रति (विद्वान्) जानते हो (कि प्रकृति के पाश में फंस कर मानव दुःख झेलता है) (अव यासिसीष्ठाः) उससे हमें अलग रखें। (यजिष्ठः) तुम बार-बार सृष्टि यज्ञ के करने वाले हो, (वह्नितमः) सबसे शक्तिशाली ऊर्जा हो, (शोशुचानः) अत्यन्त दीप्तिमान हो। आप (अस्मत्) हमारी सृष्टि से (विश्वा) सब (द्वेषांसि) प्रतिकूल तत्त्वों को (प्रमुमुग्धि) दूर कीजिए। (स्वाहा) इसलिए यह आहुति दी जाती है। (इदम्) यह आहुति (अग्निवरुणाभ्याम्) पुरुष और प्रकृति के लिए है, (इदम्) यह (मम) मेरे लिए (न) नहीं है।

O Pramameśvara, you know the adverse effects of Prakṛti, so keep us away from them. You create this universe repeatedly; you are the greatest energy source. You are the most glorious. Remove all elements that impede the process of creation. Hence, this offering. This offering is intended for Puruṣa and Prakṛti and not for me.

ओं स त्वन्नो अग्नेऽवमो भवोती नेदिष्ठो अस्या उषसो व्युष्टौ। अव

यक्ष्व नो वरुणं रराणो वीहि मृळीकं सुहवो न एधि स्वाहा। इदमग्निवरुणाभ्याम् इदन्न मम ॥ ऋ. 4.1.5

Oṁ sa tvanno agne'vamo bhvotī nediṣṭho asyā uṣaso vyuṣṭau. ava yakṣva no varuṇaṁ rarāṇo vīhi mṛḷīkaṁ suhavo na edhi svāhā. idam agnivaruṇābhyām idanna mama.

(अग्ने) हे अग्निस्वरूप पुरुष! (सः) वह (त्वम्) तू (नः) हमारा (अवमः) रक्षक (भव) बन और (ऊती) रक्षा करने हेतु (नेदिष्ठः) समीपस्थ रह। (अस्याः) इन (उषसः) प्रकृति कणों के (व्युष्टौ) प्रयोग होने पर (अवयक्ष्व) पुनः इनकी उत्पत्ति के लिए यज्ञ कर अर्थात् प्रकृति कणों को पुनः उत्पन्न कर। (नः) हमारे लिए इस सृष्टि में (मृळीकम्) सुखदायक (वरुणम्) प्रकृति कणों को (रराणः) देते हुए (वीहि) स्वयं को उनमें व्याप्त कर। (सुहवः) तेरा अच्छी प्रकार आह्वान करने वाले (नः) हमें (एधि) तू प्राप्त हो। (स्वाहा) इसलिए यह आहुति दी जाती है। (इदम्) यह आहुति (अग्निवरुणाभ्याम्) पुरुष और प्रकृति के लिए है, (इदम्) यह (मम) मेरे लिए (न) नहीं है।

Do you, Puruṣa, the embodiment of Agni, be our protector and most nigh to us with your protection? When this energy is utilized, activate more of it (because if it is not activated, the creation process will stall). Please provide us with such energy as is beneficial to us. Reach us in our invocations. So is given this offering. This offering is for Puruṣa and Prakṛti and not for me.

ओम् इमं मे वरुण श्रुधि हवमद्या च मृळय । त्वामवस्युराचके स्वाहा। इदं वरुणाय इदन्न मम ॥ ऋ. 1.25.19

Om imaṁ me varuṇa śrudhi havam adyā ca mṛḷaya. tvām avasyur ācake svāhā. idaṁ varuṇāya idanna mama.

(वरुण) हे पार्थिव सृष्टि के उपादान कारण प्रकृति! तू (मे) मेरे (इमम्) इस (हवम्) आह्वान को (श्रुधि) सुन (च) और (अद्य) आज (मृळय) हमें सुखी कर। (अवस्युः) इस सृष्टि की रक्षा के लिए मैं (त्वाम्) तेरी (आ) सब ओर से (चके) स्तुति करता हूँ। (स्वाहा) इसलिए यह आहुति दी जाती है। (इदम्) यह आहुति

(वरुणाय) प्रकृति के लिए है, (इदम्) यह (मम) मेरे लिए (न) नहीं है।

वि.मन्तव्यः वेद के अनुसार सृष्टि उत्पत्ति में प्रकृति उपादान कारण है। महाभारत (12.318.39) में सांख्य सिद्धान्त की व्याख्या करते हुए वरुण को प्रकृति और मित्र को पुरुष कहा है।

O Prakṛti, the material cause of creation, hear this call of mine, be gracious. I propitiate you from all sides for the protection of this creation. That is why this oblation is offered. This offering is for Prakṛti and not for me.

NB: According to the Veda, Prakṛti is the material cause of creation. The *Mahābhārata* (12.318.39), while propounding the Sāṅkhya system of philosophy, interprets the Vedic God Mitra as "Puruṣa" and Varuṇa as "Prakṛti".

ओम् तत्त्वा यामि ब्रह्मणा वन्दमानस्तदाशास्ते यजमानो हविर्भिः। अहेळमानो वरुणेह बोध्युरुशंस मा न आयुः प्र मोषीः स्वाहा। इदं वरुणाय इदन्न मम ॥ ऋ. 1.24.11

Oṁ tattvā yāmi brahmaṇā vandamānastadāśāste yajamāno havirbhiḥ. ahelmāno varuṇeha bodhyurūśaṁsa mā na āyuḥ pramoṣīḥ svāhā. idaṁ varuṇāya idanna mama.

(वरुण) हे पार्थिव सृष्टि के उपादान कारण प्रकृति! (त्वा) तुम से मैं (तत्) इस सृष्टि की आयु की (यामि) याचना करता हूँ। (ब्रह्मणा) यह विस्तार को प्राप्त होता हुआ ब्रह्माण्ड (वन्दमानः) मानो आपकी स्तुति कर रहा है। (यजमानः) सृष्टियज्ञ का अनुष्ठान करने वाला यजमान ईश्वर भी (हविर्भिः) आहुतियों के द्वारा (तत्) सृष्टि की उस आयु की ही (आशास्ते) कामना करता है। (उरुशंस) हे बहुतों के द्वारा स्तुत्य! तू भी (इह) इस विषय में (अहेळमानः) उसकी कामना का अनादर न करते हुए (बोधि) अपेक्षानुकूल ही कर। अर्थात् (नः) हमें (आयुः) इस सृष्टि की आयु से (प्रमोषीः) वंचित (मा) न करो। (स्वाहा) इसलिए यह आहुति दी जाती है। (इदम्) यह आहुति (वरुणाय) प्रकृति के लिए है, (इदम्) यह (मम) मेरे लिए (न) नहीं है।

O Prakṛti, the material cause of creation, I pray you to give a lease of life to this creation. This universe expansion is nothing but a prayer of adoration unto you. The creator performing the yajña of creation also wishes this universe to live its lifespan through His oblations. O thou of wide reputation, don't disrespect His wish and cut short the life of this universe. That is why this oblation is offered. This offering is for Prakṛti and not for me.

ओं ये ते शतं वरुण ये सहस्रं यज्ञियाः पाशा वितता महान्तः। तेभिर्नोऽद्य सवितोत विष्णुर्विश्वे मु□ञ्चन्तु मरुतः स्वर्काः स्वाहा। इदं वरुणाय सवित्रे विष्णवे विश्वेभ्यो देवेभ्यो मरुद्भ्यः स्वर्केभ्यः इदन्न मम ॥

कात्यायन श्रौत सू. 25.1.11

Oṁ ye te śataṁ varuṇa ye sahasraṁ yajñiyāḥ pāśā vitatā mahāntaḥ. tebhir no'dya savitota viṣṇur viśve muñcantu marūtaḥ svarkāḥ svāhā. idaṁ varuṇāya savitre viṣṇave viśvebhyo devebhyo marudbhyaḥ svarkebhyaḥ idanna mama.

(वरुण) हे पार्थिव सृष्टि के उपादान कारण प्रकृति! (ते) तुम्हारे (ये) जो (शतम्) सैंकडों (ये) जो (सहस्रम्) हजारों (यज्ञियाः) सृष्टि यज्ञ में सहायक (महान्तः) महान् (पाशाः) पाश जो (सविता) सृष्टि उत्पत्ति में उपादान भूत ऊर्जा के रूप में, (विष्णुः) ब्रह्माण्ड के रूप में, (विश्वे) सब प्राकृतिक शक्तियों के रूप में, (मरुतः) ब्रह्माण्ड के विकिरण दबाव (स्वर्काः) और आवेशित पार्थिव कणों के रूप में (विततः) फैले हुए हैं, (तेभिः) उनसे (अद्य) आज (नः) हमें (उत मुंचन्तु) मुक्त करें, (ताकि हमें बार-बार जन्म न लेना पड़े)। (स्वाहा) इसलिए यह आहुति दी जाती है। (इदम्) यह आहुति (वरुणाय) प्रकृति और उसके रूपों जैसे (सविता) सृष्टि उत्पत्ति में उपादान भूत ऊर्जा, (विष्णवे) ब्रह्माण्ड, (विश्वेभ्यः देवेभ्यः) सब प्राकृतिक शक्तियों, (मरुद्भ्यः) ब्रह्माण्ड के विकिरण दबाव, (स्वर्केभ्यः) और आवेशित पार्थिव कणो के लिए है, (इदम्) यह (मम) मेरे लिए (न) नहीं है।

वि.मन्तव्यः चारों ओर फैला हुआ प्रकृति का जाल ही वरुण का पाश है।

सविता, विष्णु, विश्वेदेव, मरुत्, आदि उसके विभिन्न रूप हैं। सविता सृष्टि उत्पत्ति में उपादान भूत ऊर्जा का नाम है। विष्णु त्रिपदीय ब्रह्माण्ड है, विश्वेदेव सब प्राकृतिक शक्तियां, मरुत ब्रह्माण्ड का विकिरण दबाव और स्वर्काः आवेशित पार्थिव कण हैं। इस मन्त्र में प्रकृति के जाल से मुक्त होने की प्रार्थना की गई है।

O Prakṛti, the material cause of creation, you have a vast network of hundreds and thousands of nooses in the form of Savitā (creation energy), Viṣṇu (The universe), Viśvedevāḥ (all natural forces), Maruts (radiation pressure of universe), and svarkas (charged matter particles). Kindly liberate is from them, so that we may not have to entangle in the natural cycle of life and death. That is why this oblation is offered. This offering is for Prakṛti and its various forms like Savitā, Viṣṇu, Viśvedevāḥ, Maruts, and svarkas; and not for me.

NB: This all side prevailing network of Prakṛti is the nooses of Varuṇa. Savitā is energy material for creation. Viṣṇu is three tier universe. Viśvedeva refers here all natural forces. The term svarkāḥ refers here charged matter particles. In this mantra, liberation from the clutches of Prakṛti is prayed for.

ओम् अयाश्चाग्नेऽस्यनभिशस्तिपाश्च सत्यमित्त्वमयासि। अया नो यज्ञं वहास्यया नो धेहि भेषजंः स्वाहा। इदमग्नये अयसे इदन्न मम ॥

कात्यायन श्रौतसू. 25.1.11

Om ayāś cāgne'sy anabhiśastipāśca satyam ittvamayāsi. ayā no yajñaṁ vahāsyayā no dhehi bheṣajaṁ svāhā. Idam agnaye ayase idanna mama.

(अग्ने) हे अग्निस्वरूप पुरुष! तुम (अयाः) सृष्टि यज्ञ का अनुष्ठान करने वाले (असि) हो, (च) और (अनभिशस्तिपाः) जो तत्त्व सृष्टि यज्ञ में हिंसा नहीं करते उनका रक्षक हो। (त्वम्) तुम (सत्यम्) सचमुच (इत्) इस पृथ्वी लोक पर (अयाः) सृष्टि यज्ञ के सम्पादक (असि) हो। (अया) इसी तरह (नः) हमारे (यज्ञम्) सृष्टि यज्ञ को (वहासि) धारण कीजिए। (अया) इसी रीति से (नः) हमें

(भेषजम्) सुख (धेहि) धारण कराइये। (स्वाहा) इसलिए यह आहुति दी जाती है। (इदम्) यह आहुति (अयसे) सृष्टि यज्ञ के सम्पादक (अग्नये) अग्नि के लिए है, (इदम्) यह (मम) मेरे लिए (न) नहीं है।

O Puruṣa, possessed of energy in your womb, thou art performer of creation yajña and protector of such elements as do not violate this creation process. You are undoubtedly a performer of creation yajña in this Bhūtākāśa. Sustain this creation of ours. Bless us with happiness. That is why this oblation is offered. This offering is for the performer of creation yajña and not for me.

ओम् उदुत्तमं वरुण पाशमस्मदवाधमं वि मध्यमं श्रथाय। अथा वयमादित्य व्रते तवानागसो अदितये स्याम स्वाहा। इदं वरुणायादित्यायादितये च इदन्न मम ॥ ऋ.1.24.15

Om uduttamaṁ varuṇa pāśam asmad avādhamaṁ vi madhyamaṁ srathāya. athā vayam āditya vrate tavānāgaso aditaye syāma svāhā. idaṁ varuṇāy ādityāyāditaye ca idanna mama.

(वरुण) हे पार्थिव सृष्टि के उपादान कारण प्रकृति! अपने (उत्तमम्) ऊपर द्युलोक में फैले हुए (पाशम्) पाश को (अस्मत्) हमसे (उत् श्रथाय) दूर रखिये (अधमम्) नीचे पृथिवी लोक पर फैले पाश को (अव श्रथाय) दूर रखिये, तथा (मध्यमम्) मध्यलोक में फैले पाश को (वि श्रथाय) वियुक्त कीजिए, ताकि हमें मोक्ष प्राप्त हो सके, क्योंकि प्रकृति के पाश में फंसे व्यक्ति को मोक्ष प्राप्त नहीं हो सकता। (अथ) तदनन्तर (आदित्य) हे आदित्य ब्रह्मचारी! (वयम्) हम (तव) तेरे (अदितये) अखण्डित (व्रते) व्रत में (अनागसः) निरपराध (स्याम) रहें। अर्थात् तेरा अखण्डित ब्रह्मचर्य के व्रत को तोडने वाले न बनें। (स्वाहा) इसलिए यह आहुति दी जाती है। (इदम्) यह आहुति (वरुणाय) प्रकृति, (आदित्याय) आदित्य ब्रह्मचारी (अदितये) अखण्डित व्रत के लिए है, (इदम्) यह (मम) मेरे लिए (न) नहीं है।

वि.मन्तव्यः प्राकृतिक आकर्षणों से दूर रहकर अखण्डित ब्रह्मचर्य व्रत को धारण करने से ही मोक्ष सम्भव है।

O Prakṛti, the material cause of creation, you keep us away from your trap of higher space [solar region], lower space [earth] and mid-space so that we may attain mokṣa, as a person trapped in prakṛti cannot attain mokṣa. After that, may we not become instrumental in breaking thy vow for undisturbed Brahmacharya, O Āditya Brahmachārī. That is why this oblation is offered. This offering is for Prakṛti, Āditya Brahmacharī, and for the undisturbed vow of Brahmacharya and not for me.

NB: The mantra suggests that one can achieve Mokṣa by staying away from natural attractions and observing the vow of Āditya Brahmacharya, i.e. living a celibate life for 48 years attaining knowledge.

ओं भवतं नः समनसौ सचेतसावरेपसौ। मा यज्ञꣳ हिꣳसिष्टं मा यज्ञपतिं जातवेदसौ शिवौ भवतमद्य नः स्वाहा। इदं जातवेदोभ्याम् इदन्न मम ॥ यजु. 5.3

Oṁ bhavataṁ naḥ samanasau sacetasā-varepasau. mā yajñaṁ hinsiṣṭaṁ mā yajñapatiṁ jātavedasau śivau bhavatam adya naḥ svāhā. idaṁ jātavedobhyām idanna mama.

वेद के अनुसार द्युलोक ऊर्जा का निवासस्थान है। वहाँ से ऊर्जा अन्तरिक्ष लोक में आती है और अन्तरिक्षस्थ ऊर्जा का मन्थन होकर पृथ्वी लोक पर ऊर्जा का सृजन होता है जिससे सृष्टि चलती है। इस मन्त्र में अन्तरिक्ष लोकस्थ ऊर्जा और पार्थिव ऊर्जा के समन्वय की बात की गई है।

(जातवेदसौ) हे अन्तरिक्ष लोकस्थ ऊर्जा और पार्थिव ऊर्जा! आप दोनों (नः) हमें अभिमत फल देने के लिए (समनसौ) समान मन वाले (भवतम्) हो जाइए, (सचेतसौ) समान चित्त वाले हो जाइए। आप दोनों (अरेपसौ) अविरोधि बने रहें ताकि (यज्ञम्) सृष्टि यज्ञ (हिंसिष्टम्) हिंसित (मा) न हो, (यज्ञपतिम्) यज्ञपति परमात्मा का भी (मा) सृष्टिरचना कस उद्देश्य भी हिंसित अर्थात् नष्ट न हो। आप (नः) हमारे लिए (अद्य) आज (शिवौ) कल्याणकारी (भवतम्) हों। (स्वाहा) इसलिए यह आहुति दी जाती है। (इदम्) यह आहुति (जातवेदोभ्याम्) अन्तरिक्ष

लोकस्थ ऊर्जा और पार्थिव ऊर्जा के लिए है, (इदम्) यह (मम) मेरे लिए (न) नहीं है।

According to the Veda, the sun is the abode of energy. It percolates down from the solar region to the earth's magnetosphere and, after that, to the earth, which is the cause of creation on the earth. This mantra talks about the harmony between solar energy and geothermal energy.

O solar and geothermal energies, you be harmonious and give us the desired fruit. Do not oppose each other to harm the yajña of creation and the objective of the host of creation (Paramātmā). Be kind to us now and forever. That is why this oblation is offered. This offering is for the energy of intermediate space and earth and not for me.

प्रातःकाल की आहुतियों के मंत्र

Mantras for Morning offerings

पृथिवी लोक पर ऊर्जा की उत्पत्ति के साथ ही सृष्टि के दिन का प्रातःकाल आरम्भ हो जाता है। प्रातःकाल की आहुतियाँ, प्रातःकाल के साथ-साथ सृष्टि के प्रातःकाल की भी द्योतक हैं। अतः निम्न मन्त्रों के दो अभिप्राय हैं-सृष्टि दिवस के सन्दर्भ में तथा सामान्य दिवस के सन्दर्भ में।

Activation of energy is known as the morning of the creation of Bhūtākāśa. The morning offerings symbolise the morning of creation and the usual morning phenomenon. As such, the below-cited mantras reflect two contexts - first, that of the commencement of creation and second, that of the everyday phenomenon of the day.

ओं सूर्यो ज्योतिर्ज्योतिः सूर्यः स्वाहा ॥ यजु. 3.9
Oṁ sūryo jyotir jyotiḥ sūryaḥ svāhā.

सृष्टि के परिप्रेक्ष्य में- (सूर्यः) द्युलोक पृथिवी लोक पर (ज्योतिः) प्रकाश का देने वाला है, अतः (ज्योतिः) प्रकाश देने वाले (सूर्यः) द्युलोक के लिये (स्वाहा) यह आहुति दी जाती है।

सामान्य दिन के परिप्रेक्ष्य में - (सूर्यः) सूर्य (ज्योतिः) प्रकाश का देने वाला है, अतः (ज्योतिः) प्रकाश देने वाले (सूर्यः) सूर्य को (स्वाहा) यह आहुति दी जाती है।

The context of creation: The Brahmākāśa is the source of energy of Bhūtākāśa. So this offering is for Brahmākāśa, the source of energy of Bhūtākāśa during creation period.

The context of the everyday phenomenon of the day: The Sun is the source of light on the earth. So this offering is for the sun, the source of light.

ओं सूर्यो वर्चो ज्योतिर्वर्चः स्वाहा ॥ यजु. 3.9

Oṁ sūryo varco jyotir varcaḥ svāhā.

सृष्टि के परिप्रेक्ष्य में - (सूर्यः) द्युलोक (वर्चः) पृथिवी लोक पर ब्रह्मतेज का देने वाला है, अतः (वर्चः) ब्रह्मतेज के देने वाले (ज्योतिः) ज्योतिर्मय द्युलोक को (स्वाहा) यह आहुति दी जाती है।

सामान्य दिन के परिप्रेक्ष्य में - (सूर्यः) सूर्य (वर्चः) ब्रह्मतेज का देने वाला है, अतः (वर्चः) ब्रह्मतेज के देने वाले (ज्योतिः) ज्योतिरूप सूर्य को (स्वाहा) यह आहुति दी जाती है।

The context of creation: The Brahmākāśa is the source of brilliance in Bhūtākāśa, so this offering is for Brahmākāśa, the source of brilliance.

The context of the everyday phenomenon of the day: The sun is the source of brilliance on the earth, so this offering is for the sun, the source of brilliance.

ओं ज्योतिः सूर्यः सूर्यो ज्योतिः स्वाहा ॥ यजु. 3.9

Oṁ jyotiḥ sūryaḥ sūryo jyotiḥsvāhā

सृष्टि के परिप्रेक्ष्य में- (ज्योतिः) ज्योति (सूर्यः) द्युलोक में है, अतः (सूर्यः) द्युलोक वाली (ज्योतिः) ज्योति को (स्वाहा) यह आहुति दी जाती है।

सामान्य दिन के परिप्रेक्ष्य में- (ज्योतिः) ज्योति (सूर्यः) सूर्य में है, अतः (सूर्यः) सूर्य वाली (ज्योतिः) ज्योति को (स्वाहा) यह आहुति दी जाती है।

The context of creation: Light abides in the Bhūtākāśa. This offering is for the light of Bhūtākāśa.

The context of the everyday phenomenon of the day: Light is in the sun. This offering is for light coming from the sun.

ओं सजूर्देवेन सवित्रा सजूरुषसेन्द्रवत्या। जुषाणः सूर्यो वेतु स्वाहा॥

यजु. 3.10

Oṁ sajūr devena savitrā sajūr uṣasendravatyā.

juṣāṇaḥ sūryo vetu svāhā.

सृष्टि के परिप्रेक्ष्य में- (सवित्रा देवेन) सब को उत्पन्न करने का सामर्थ्य रखने वाली दिव्य ऊर्जा के (सजूः) साथ, तथा (इन्द्रवत्या) विद्युत् शक्ति सम्पन्न (उषसा) उषाकाल के (सजूः) साथ (जुषाणः) रहने वाला (सूर्यः) द्युलोक (स्वाहा) इस आहुति को (वेतु) प्राप्त करे।

सामान्य दिन के परिप्रेक्ष्य में- (सवित्रा देवेन) सब को उत्पन्न करने का सामर्थ्य रखने वाली प्रकाश किरणों के (सजूः) साथ, तथा (इन्द्रवत्या) विद्युत् शक्ति सम्पन्न (उषसा) उषाकाल के (सजूः) साथ (जुषाणः) रहने वाला (सूर्यः) सूर्य (स्वाहा) इस आहुति को (वेतु) प्राप्त करे।

The context of creation: Let this offering be received by the Bhūtākāśa, the abode of active energy and of Uṣā (creation of particles) accompanied by Indra (electric field).

The context of the normal phenomenon of a day: Let this offering be received by the sun, a source of solar radiation and Uṣā [dawn period] accompanied by Indra [electric field].

सांयकालीन आहुतियों के मंत्र

Mantras for Evening offerings

पृथिवी लोक पर ऊर्जा के अभाव के आरम्भ का नाम सायंकाल है। सायंकाल की आहुतियाँ, सायंकाल के साथ-साथ सृष्टि के सायंकाल को भी लक्ष्य करके दी जाती हैं। अतः निम्न मन्त्रों के दो अभिप्राय हैं-सृष्टि के सायंकाल के सन्दर्भ में तथा सामान्य सायंकाल के सन्दर्भ में।

The disappearance or deactivation of energy is represented by evening. The evening offerings symbolise the evening of creation and the normal evening phenomenon. As such, the below-cited mantras reflect two contexts-first that of commencement of dissolution or decreation and second, that of the everyday phenomenon of the evening.

ओम् अग्निर्ज्योतिर्ज्योतिरग्निः स्वाहा ॥ यजु. 3.9

Om agnir jyotir jyotir agniḥ svāhā.

सृष्टि के सायंकाल अथवा सामान्य सायंकाल में (अग्निः) पुरुष अर्थात् परमात्मा ही (ज्योतिः) ज्योतिरूप है, अतः (ज्योतिः) ज्योतिरूप (अग्निः) पुरुष को (स्वाहा) यह आहुति दी जाती है।

The context of decreation: During the evening of creation the Agni (Brahman) remains the only source of light. So this offering is for Brahman, the source of light during decreation.

The context of the everyday phenomenon of the evening: During the evening, the Agni (geothermal energy) remains the only light source. So this offering is for geothermal energy, the source of light during the evening.

ओम् अग्निर्वर्चो ज्योतिर्वर्चः स्वाहा ॥ यजु. 3.9

Om agnir varco jyotir varcaḥ svāhā.

सृष्टि के सायंकाल अथवा सामान्य सायंकाल में- (अग्निः) पुरुष अर्थात् परमात्मा ही (वर्चः) ब्रह्मतेज का देने वाला है, अतः (ज्योतिः) ज्योतिरूप (वर्चः) ब्रह्मतेज के लिए (स्वाहा) यह आहुति दी जाती है।

The context of decreation: During the evening of creation the Agni (Brahman) remains the only source of brilliance. So this offering is for Brahman, the source of brilliance during decreation.

The context of the everyday phenomenon of the evening: During the everyday phenomenon of the evening, the Agni (geothermal energy) remains the only source of brilliance. So this offering is for geothermal energy, the source of brilliance during the evening.

निम्न मन्त्र से मौन होकर आहुति दें।

Offer oblation silently with the following *mantra* since the power of Brahma cannot be expressed by words.

ओम् अग्निर्ज्योतिर्ज्योतिरग्निः स्वाहा । यजु. 3.9

Om agnir jyotir jyotir agniḥ svāhā.

सृष्टि के सायंकाल अथवा सामान्य सायंकाल में (अग्निः) पुरुष अर्थात् परमात्मा ही (ज्योतिः) ज्योतिरूप है, अतः (ज्योतिः) ज्योतिरूप (अग्निः) पुरुष को (स्वाहा) यह आहुति ही जाती है।

Agni [Brahman] is the permanent source of light. So this offering is for Brahman, the permanent source of light.

ओं सजूर्देवेन सवित्रा सजू रात्र्येन्द्रवत्या । जुषाणो अग्निर्वेतु स्वाहा ॥

यजु. 3.10

Oṁ sajūr devena savitrā sajū rātryendravatyā.
juṣāṇo agnir vetu svāhā.

(सवित्रा देवेन) सब को उत्पन्न करने का सामर्थ्य रखने वाली दिव्य ऊर्जा के

(सजूः) साथ, तथा (इन्द्रवत्या) विद्युत् शक्ति सम्पन्न (रात्र्या) रात्रिकाल के (सजूः) साथ (जुषाणः) रहने वाला (अग्निः) पुरुष (स्वाहा) इस आहुति को (वेतु) प्राप्त करे।

Let this offering be received by the Agni (Brahman) abode of energy decreation accompanied by Indra (electric field).

प्रातः और सांयकालीन आहुतियों के मन्त्र

Mantras for combined offerings of Morning and Evening

ओं भूरग्नये प्राणाय स्वाहा। इदमग्नये प्राणाय इदन्न मम॥ 1॥

Oṁ bhūr agnaye prāṇāya svāhā.
idam agnaye prāṇāya idanna mama.

(प्राणाय) प्राण नामक (भूः अग्नये) पार्थिव ऊर्जा की शक्ति बढाने के लिए (स्वाहा) यह आहुति देता हूँ। (इदम्) यह आहुति (प्राणाय) प्राण नामक (अग्नये) पार्थिव ऊर्जा के लिए है (मम) मेरे लिए (न) नहीं।

I offer this oblation to enhance the power of the energy of Bhūtākāśa and Bhūloka, called as prāṇa. This offering is intended for Prāṇa, the energy of Bhūloka and not for me.

ओं भुवर्वायवेऽपानाय स्वाहा । इदं वायवेऽपानाय इदन्न मम। 2॥

Oṁ bhuvar vāyave'pānāya svāhā.
idaṁ vāyave'pānāya idnna mama.

(अपानाय) अपान नामक (भुवः वायवे) अन्तरिक्षस्थ ऊर्जा की शक्ति बढाने के लिए (स्वाहा) यह आहुति है। (इदम्) यह आहुति (अपानाय) अपान नामक (वायवे) वायु के लिए है (मम) मेरे लिए (न) नहीं।

I offer this oblation to enhance the power of the energy of intermediate space and magnetosphere of the earth called apāna. This offering is intended for Apāna, the energy of the intermediate and magnetosphere of the earth space and not for me.

ओं स्वरादित्याय व्यानाय स्वाहा। इदमादित्याय व्यानाय इदन्न मम॥ 3॥

Oṁ svar ādityāya vyānāya svāhā. Idam ādityāya vyānāya idanna mama.

(व्यानाय) व्यान नामक (स्वः आदित्याय) द्युलोकस्थ ऊर्जा की शक्ति बढाने के लिए (स्वाहा) यह आहुति है। (इदम्) यह आहुति (व्यानाय) व्यान नामक (आदित्याय) ऊर्जा के लिए है (मम) मेरे लिए (न) नहीं।

I offer this oblation for the energy of Brahmākāśa and the sun called as vyāna. This offering is intended for vyāna, the energy of Brahmākāśa and sun and not for me.

ओं भूर्भुवः स्वरग्निवाय्वादित्येभ्यः प्राणापानव्यानेभ्यः स्वाहा। इदमग्निवाय्वादित्येभ्यः प्राणापानव्यानेभ्यः इदन्न मम॥ 4॥

Oṁ bhūr bhuvaḥ svar agni-vāyvādityebhyaḥ prāṇ-āpāna-vyānebhyaḥ svāhā. Idam agni-vāyvādit-yebhyaḥ prāṇ-āpānavyānebhyaḥ idanna mama.

(प्राणापानव्यानेभ्यः) प्राण, अपान एवं व्यान नामक (भूः भुवः स्वः) क्रमशः भूलोक, अन्तरिक्षलोक और द्युलोक में स्थित (अग्निवाय्वादित्येभ्यः) अग्नि, वायु, और आदित्य रूपी ऊर्जा के लिए एक साथ (स्वाहा) यह आहुति है। (इदम्) यह आहुति (अग्नि-वायु-आदित्येभ्यः) अग्नि, वायु और आदित्य रूपी (प्राणापानव्यानेभ्यः) प्राण, अपान एवं व्यान नामक क्रमशः भूलोक, अन्तरिक्षलोक और द्युलोक में स्थित ऊर्जा के लिए है, (मम) मेरे लिए (न) नहीं।

I offer this oblation for the energies of Bhūloka, Antarikṣa, and Dyauloka, called as prāṇa, apāna and vyāna, respectively. This offering is intended for energies of Bhūloka, Antarikṣa, and Dyauloka called as prāṇa, apāna and vyāna, respectively and not for me.

ओम् आपो ज्योती रसोऽमृतं ब्रह्म भूर्भुवः स्वरों स्वाहा॥ 5॥

Om āpo jyotī raso"mṛtaṁ brahma bhūr bhuvaḥ svaroṁ svāhā.

(आपः) पार्थिव कण (भूर्भुवः ज्योतिः) पृथिवी लोक एवं अन्तरिक्ष लोकं की ऊर्जा का (रसः) रस हैं, और (स्वः) द्युलोकस्थ (अमृतम्) अनश्वर (ब्रह्म) ब्रह्म का

रूप हैं। (ओम्) ओम् नामक ब्रह्म के लिए (स्वाहा) यह आहुति है।

Matter particles are the essence of energy abiding in Bhūtākāśa and intermediate space which exists in the immortal form [inactive form] in Brahma [Brahmākāśa]. This offering is intended for Brahma, called as Om.

ओं यां मेधां देवगणाः पितरश्चोपासते । तया मामद्य मेधयाऽग्ने मेधाविनं कुरु स्वाहा ॥ यजु. 32.14

Oṁ yāṁ medhāṁ devagaṇāḥ pitaraś copāsate. tayā mām adya medhayāgne medhāvinaṁ kuru svāhā.

(याम्) जिस (मेधाम्) बुद्धि को प्राप्त करने के लिए (देवगणाः) विद्वान् लोग (च) और (पितरः) वरिष्ठ जन (उपासते) ईश्वर की उपासना करते हैं। (अग्ने) हे ईश्वर! (माम्) मुझे (अद्य) आज (तया) उसी (मेधया) बुद्धि से (मेधाविनम्) मेधावी (कुरु) बनाओ। (स्वाहा) यह आहुति इसीलिए है।

O, God! Bless me with the same intelligence and wisdom that is aspired and prayed for by wise and senior persons. This offering is intended for the same.

ओं विश्वानि देव सवितर्दुरितानि परासुव। यद् भद्रं तन्न आसुव स्वाहा ॥ यजु. 30.3

Oṁ viśvāni deva savitar duritāni parāsuva.
yad bhadraṁ tanna ā suva svāhā.

हे (सवितः) सकल जगत् के उत्पत्तिकर्त्ता समग्र ऐश्वर्ययुक्त (देव) शुद्धस्वरूप सब सुखों के दाता परमेश्वर आप कृपा करके (नः) हमारे (विश्वानि) संपूर्ण (दुरितानि) दुर्गुण, दुर्व्यसन और दुःखों को (परासुव) दूर कीजिए। (यत्) जो (भद्रम्) कल्याणकारक गुण, कर्म, स्वभाव और पदार्थ हैं, (तत्) वे सब हमको (आ सुव) प्राप्त कराइए।

O God, O Radiant Divinity, Creator of the Universe, Pure Bestower of happiness and bliss! May You keep us away from all vices, misfortune and distress; confer upon us all that is beneficial by virtue of its properties, nature and function.

ओम् अग्ने नय सुपथा रायेऽअस्मान् विश्वानि देव वयुनानि विद्वान्।
युयोध्यस्मज्जुहुराणमेनो भूयिष्ठान्ते नम उक्तिं विधेम स्वाहा ॥यजु. 40.16

Om agne naya supathā rāye'asmān viśvāni deva vayunāni vidvān. yuyodhyasmaj juhurāṇam eno bhūyiṣṭhānte nama uktiṁ vidhema svāhā.

हे (अग्ने) स्वप्रकाश, ज्ञानस्वरूप सब जगत् के प्रकाश करने हारे (देव) सकल सुखदाता परमेश्वर! आप (अस्मान्) हम लोगों को (राये) विज्ञान वा राज्यादि ऐश्वर्य की प्राप्ति के लिए (सुपथा) अच्छे धर्मयुक्त आप्त लोगों के मार्ग से (नय) ले चलें। आप हमारे (विश्वानि) सम्पूर्ण (वायुनानि) कर्मों को (विद्वान्) जानते हैं। अतः (अस्मत्) हम से (जुहुराणम्) कुटिलतायुक्त (एनः) पापरूप कर्म को (युयोधि) दूर कीजिए। हम (ते) आपकी (भूयिष्ठाम्) अधिकाधिक (नमः उक्तिम्) स्तुति (विधेम) करें और सर्वदा आनन्द में रहें।

O Self-effulgent, the embodiment of knowledge and illuminator of the whole universe, lead us unto the Path of wise and righteous people so that we may excel in scientific knowledge and be blessed with worldly riches. You are keeping a close vigil on our activities, so keep us away from all immoral and criminal acts. Let us offer plentiful prayers and live a life of bliss.

पूर्णाहुतिमन्त्रः

Mantras for concluding offerings

इस मन्त्र से तीन बार स्रुवा को घृत में भर कर आहुति दें-

Offer three oblations to conclude Havana

ओं सर्वं वै पूर्णꣳ स्वाहा।

Oṁ sarvaṁ vai pūrṇaṁ svāhā.

(स्वाहा) ये आहुति (सर्वं वै) अन्य सब आहुतियों की (पूर्णम्) पूर्ति के लिए है।

This offering is intended to make up the deficiency of all other offerings.

प्रार्थना-मन्त्र
Prayer Mantras

ओं तेजोऽसि तेजो मयि धेहि।

वीर्यमसि वीर्यं मयि धेहि।

बलमसि बलं मयि धेहि।

ओजोऽस्योजो मयि धेहि।

मन्युरसि मन्युं मयि धेहि।

सहोऽसि सहो मयि धेहि॥

Oṁ tejo'si tejo mayi dhehi.
vīryam asi vīryaṁ mayi dhehi.
balam asi balaṁ mayi dhehi.
ojo'syojo mayi dhehi.
manyur asi manyuṁ mayi dhehi.
saho'si saho mayi dhehi.

(तेजः असि) हे ईश्वर! तुम तेज के स्रोत हो (मयि) मुझ में (तेजः) तेज को (धेहि) धारण कराओ।

(वीर्यम् असि) हे ईश्वर! तुम वीर्य के स्रोत हो (मयि) मुझ में (वीर्यम्) वीर्य को (धेहि) धारण कराओ।

(बलम् असि) हे ईश्वर! तुम बल के स्रोत हो (मयि) मुझ में (बलम्) बल को (धेहि) धारण कराओ।

(ओजोऽसि) हे ईश्वर! तुम ओज के स्रोत हो (मयि) मुझ में (ओजम्) ओज को (धेहि) धारण कराओ।

(मन्युः असि) हे ईश्वर! तुम मन्यु के स्रोत हो (मयि) मुझ में (मन्युम्) मन्यु को (धेहि) धारण कराओ।

(सहः असि) हे ईश्वर! तुम सहनशीलता के स्रोत हो (मयि) मुझ में (सहः) सहनशीलता को (धेहि) धारण कराओ।

O God, You are the source of effulgence; endow me with effulgence. You are the source of vitality; endow me with vitality. You are the source of strength; grant me strength. You are the source of infinite power; grant power unto me. You are the source of high spirit; endow me with high spirit. You are the source of forbearance; make me also forbearing and tolerant.

पूर्णमासी की आहुतियाँ
Offerings for Full Moon Day

ओम् अग्नये स्वाहा ॥ 1 ॥

Om agnaye svāhā.

(अग्नये) पृथ्वी लोक की ऊर्जा को बढाने के लिए (स्वाहा) यह आहुति है।

Let me offer this oblation to enhance energy of Bhūtākāśa and the earth.

ओम् अग्नीषोमाभ्यां स्वाहा ॥ 2 ॥

Om agnī-ṣomābhyāṁ svāhā.

(अग्नीषोमाभ्याम्) पृथ्वी लोक की ऊर्जा और अन्तरिक्षस्थ ऊर्जा बढाने के लिए (स्वाहा) यह आहुति है।

Let me offer this oblation to enhance energy of Bhūtākāśa, earth and intermediate spaces.

ओं विष्णवे स्वाहा ॥ 3 ॥

Oṁ viṣṇave svāhā

(विष्णवे) समस्त ब्रह्माण्ड अर्थात् तीनों लोकों के लिए (स्वाहा) यह आहुति है।

Let me offer this oblation for the whole universe.

अमावास्या की आहुतियाँ

Offerings for New Moon Day

ओम् अग्नये स्वाहा ॥ 1 ॥

Om agnaye svāhā.

(अग्नये) पृथ्वी लोक की ऊर्जा को बढाने के लिए (स्वाहा) यह आहुति है।

Let me offer this oblation to enhance energy of Bhūtākāśa and the earth..

ओम् इन्द्राग्निभ्यां स्वाहा ॥ 2 ॥

Om indrāgnibhyāṁ svāhā.

(इन्द्राग्निभ्याम्) पृथ्वी लोक की ऊर्जा और अन्तरिक्षस्थ ऊर्जा बढाने के लिए (स्वाहा) यह आहुति है।

Let me offer this oblation to enhance the power of the magnetosphere (electromagnetic field) of the earth.

ओं विष्णवे स्वाहा ॥ 3 ॥

Oṁ viṣṇave svāhā.

(विष्णवे) समस्त ब्रह्माण्ड अर्थात् तीनों लोकों के लिए (स्वाहा) यह आहुति हैं।

Let me offer this oblation for the whole universe.

बलिवैश्वदेव यज्ञ विधि

Feeding Animals and Birds

निम्न 10 मंत्रों से घृत के पात्र में शक्कर आदि मिलाकर बलिवैश्वदेव यज्ञ के निमित्त आहुति दें:

ओम् अग्नये स्वाहा ॥ 1 ॥

Oṁ agnaye svāhā.

(अग्नये) पृथ्वी लोक की ऊर्जा को बढाने के लिए (स्वाहा) यह आहुति है।

Let me offer this oblation to enhance geothermal energy of the earth.

ओं सोमाय स्वाहा ॥ 2 ॥

Oṁ somāya svāhā.

(सोमाय) अन्तरिक्ष लोक की ऊर्जा को बढाने के लिए (स्वाहा) यह आहुति है।

Let me offer this oblation to enhance the energy of the earth's magnetosphere.

ओम् अग्नीषोमाभ्यां स्वाहा ॥ 3 ॥

Om agnī-ṣomābhyāṁ svāhā.

(अग्नीषोमाभ्याम्) पृथ्वी लोक की ऊर्जा और अन्तरिक्षस्थ ऊर्जा बढाने के लिए (स्वाहा) यह आहुति है।

Let me offer this oblation to enhance the powers of Agni (-ve or particle) and Soma (+ve or antiparticle) of which this world is constituted.

ओं विश्वेभ्यो देवेभ्यः स्वाहा ॥ 4 ॥

Oṁ viśvebhyo devebhyaḥ svāhā.

(विश्वेभ्यः देवेभ्यः) सब प्राकृतिक शक्तियों को बढाने के लिए (स्वाहा) यह आहुति है।

Let me offer this oblation to enhance the power of all-natural forces.

ओं धन्वन्तरये स्वाहा ॥ 5 ॥

Oṁ dhanvantaraye svāhā.

(धन्वन्तरये) धन्वन्तरी की स्तुति में (स्वाहा) यह आहुति है।

This offering is specifically intended for paying homage to Dhanvantari, the propagator of Ayurveda.

ओं कुह्वै स्वाहा ॥ 6 ॥

Oṁ kuhvai svāhā.

(कुह्वै) अमावास्या के लिए (स्वाहा) यह आहुति है।

Let me offer this oblation to the New Moon Day.

ओम् अनुमत्यै स्वाहा ॥ 7 ॥

Om anumatyai svāhā.

(अनुमत्यै) पौर्णमासी के लिए (स्वाहा) यह आहुति है।

Let me offer this oblation to the Full Moon Day.

ओ प्रजापतये स्वाहा ॥ 8 ॥

Oṁ prajāpataye svāhā.

(प्रजापतये) प्रजापति के लिए (स्वाहा) यह आहुति है।

Let me offer this oblation for Prajāpati.

ओं द्यावापृथिवीभ्यां स्वाहा ॥ 9 ॥

Oṁ dyāvā-pṛthivībhyāṁ svāhā.

(द्यावापृथिवीभ्याम्) द्युलोक और पृथिवीलोक के लिए (स्वाहा) यह आहुति

है।

Let me offer this oblation for the earth and the sun.

ओं स्विष्टकृते स्वाहा ॥ 10 ॥

Oṁ sviṣṭakṛte svāhā.

(स्विष्टकृते) शुभ इच्छाओं की पूर्ति के लिए (स्वाहा) यह आहुति है।

This oblation is for the fulfilment of all good desires.

इति बलिवैश्वदेवयज्ञः

•••

यज्ञ प्रार्थना

भजन-1

पूजनीय प्रभो हमारे भाव उज्ज्वल कीजिए।
छोड़ देवें छल कपट को मानसिक बल दीजिए॥ 1॥
वेद की बोलें ऋचाएं सत्य को धारण करें।
हर्ष में हों मग्न सारे शोक सागर से तरें ॥ 2॥
अश्वमेधादिक रचाएं यज्ञ पर उपकार को।
धर्म मर्यादा चला कर लाभ दे संसार को॥ 3॥
नित्य श्रद्धा भक्ति से यज्ञादि हम करते रहें।
रोग पीड़ित विश्व के सन्ताप सब हरते रहें॥ 4॥
भावना मिट जाय मन से पाप अत्याचार की।
कामनाएं पूर्ण होवें यज्ञ से नर-नार की॥ 5॥
लाभकारी हो हवन हर जीवधारी के लिए।
वायु जल सर्वत्र हो शुभ गन्ध को धारण किये॥ 6॥
स्वार्थभाव मिटे हमारा प्रेम पथ विस्तार हो।
'इदन्न मम' का सार्थक प्रत्येक में व्यवहार हो॥ 7॥
प्रेम रस में तृप्त होकर वन्दना हम कर रहे।
'नाथ' करूणा रूप करूणा आपकी सब पर रहे॥ 8॥

●●●

Yajña Prayer

Bhajana -1

Pūjanīya prabho hamāre bhāva ujjavala kījiye.
Chhoḍa deveñ chhala-kapaṭa ko mānasika bala dījiye.
(1)
Veda kī boleñ ṛchāyeñ satya ko dhāraṇa kareñ
Harṣa meñ hoñ magna sāre śoka-sāgara se tareñ. (2)
Aśvamedhādika rachāyeñ yajña para upakāra ko.
Dharma-maryādā chalākara lābha deñ sansāra ko. (3)
Nitya śrddhā-bhakti se yajñādi hama karate raheñ.
Roga-piḍita viśva ke santāpa saba harate raheñ. (4)
Bhāvanā miṭa jāye mana se pāpa atyāchāra kī.
Kāmanāeñ pūrṇa hoveñ yajña se nara-nāri kī. (5)
Lābhakārī ho havana hara jīvadhārī ke liye
Vāyu jala sarvatra hoñ śubha gandha ko dhāraṇa kiye.
(6)
Svārtha bhāva miṭe hamārā, prema patha vistāra ho
'Idanna mama" kā sārthaka pratyeka meñ vyavahāra ho. (7)
Prema-rasa meñ tṛpta hokara vandanā hama kara rahe
Nātha karuṇā rupa karuṇā āpakī saba para rahe. (8)

•••

भजन--2

शरण प्रभु की आओ रे

शरण प्रभु की आओ रे, यही समय है प्यारे॥

आओ प्रभु गुण गाओ रे, यही समय है प्यारे॥

उदय हुआ ओ३म नाम का भानु, आओ दर्शन पाओ रे॥

अमृत झरना झरता है, इसे पीकर अमर हो जाओ रे॥

छल कपट और झूठ को त्यागो, सत्य में चित्त लगाओ रे॥

हरि की भक्ति बिन नहीं मुक्ति, दृढ़ विश्वास जमाओ रे॥

कर लो नाम प्रभु का सुमिरन, नहिं पीछे पछताओ रे॥

छोटे बड़े सब मिल के खुशी से, गुण ईश्वर के गाओ रे॥

•••

Bhajana -2

Śaraṇa Prabhu Kī Āo Re

Śaraṇa prabhu kī āo re, yahī samaya hai pyāre.

Āo prabhu guṇa gāo re, yahī samaya hai pyāre.

Udaya huā Om nāma kā bhānu, āo darśana pāo re.

Amṛta jharanā jharatā hai, ise pīkara amara ho jāo re.

Chhala kapaṭa aura jhūṭha ko tyāgo, satya meñ chitta lagao re

Hari kī bhakti bin nahiñ mukti, dṛḍha viśvāsa jamāo re.

Kara lo nāma prabhu kā sumiran, nahiñ pīche pachatāo re.

Chhoṭe baḍe saba mila ke khuśī se, guṇa īśvara ke gāo re.

•••

भजन--3

पितु मातु सहायक

पितु, मातु, सहायक, स्वामी, सखा, तुम ही इक नाथ हमारे हो।

जिनके कुछ और आधार नहीं, तिनके तुम ही रखवारे हो॥

सब भाँति सदा सुखदायक हो, दुःख दुर्गुण नाशन हारे हो।

प्रतिपाल करो सिगरे जग को, अतिशय करुणा उर धारे हो॥

भूले हैं हम ही तुमको, तुम तो हमारी सुधि नाहिं बिसारे हो।

उपकारन के कछु अन्त नहीं, छिन ही छिन जो विस्तारे हो॥

महाराज महा महिमा तुमरी, समुझै बिरले बुधवारे हो।

शुभ शान्ति निकेतन प्रेम निधे, मन मन्दिर के उजियारे हो॥

यहि जीवन के तुम जीवन हो, इन प्राणन के तुम प्यारे हो।

तुम सों प्रभु पाय प्रताप हरी, केहि के अब और सहारे हो॥

पितु, मातु, सहायक, स्वामी, सखा, तुम ही इक नाथ हमारे हो।

•••

Bhajana--3

Pitu Mātu Sahāyaka Swamī

Pitu, mātu, sahāyaka, svāmī, sakhā, tuma hī ika nātha hamāre ho

Jinake kachhu aura ādhāra nahiñ, tinke tuma hi rakhavāre ho.

Saba bhāñti sadā sukha-dāyaka ho, dukha durguṇa nāśana-hāre ho

Pratipāla karo sigare jaga ko, atiśaya karuṇā ura dhāre ho.

Bhule haiñ hama hī tumako, tuma to hamarī sudhi nāhi bisāre ho

Upakārana ko kachhu anta nahiñ, china hī china jo vistāre ho.

Mahārāja mahā mahimā tumarī, samajheñ birale budhavāre ho

Śubha śānti niketana prema-nidhe mana mandira ke ujiyāre ho.

Yahi jīvana ke tuma jīvana ho, ina prāṇana ke tuma pyāre ho

Tuma soñ prabhu pāya pratāpa hari, kehi ke aba aura sahāre ho

•••

भजन--4

ओ३म् अनेक बार बोल

ओम् अनेक बार बोल, प्रेम के प्रयोगी। टेक

है यही अनादि नाद, निर्विकल्प निर्विवाद,

भूलते न पूज्य पाद, वीतराग योगी। ओम्

वेद को प्रमाण मान, अर्थ योजना बखान,

गा रहे गुणी सुजान, साधु स्वर्ग भोगी। ओम्

ध्यान में धरें विरक्त, भाव से भजें सुभक्त,

त्यागते अधी अशक्त, पोच पाप रोगी। ओम्

शंकरादि नित्य नाम, जो जपे विसार काम,

तो बने विवेक धाम, मुक्ति क्यों न होगी। ओम्

•••

Bhajana --4

Om Aneka Bāra Bola

Om aneka bāra bola, prema ke prayogī. Teka

Hai yahī anādi nāda, nirvikalpa, nirvivāda

Bhulate in pūjya pāda, vītarāga yogi. Om

Veda ko pramāṇa māna, artha yojanā bakhāna,

Gā rahe guṇī sujāna, sādhu svarga bhogī. Om

Dhyāna meiñ dhareñ virakta, bhāva se bhajeñ subhakta,

Tyāgate adhī aśakta, pocha pāpa rogī. Om

Śaṅkarādi nitya nāma, jo jape visāra kāma,

Te bane viveka dhāma, mukti kyoñ na hogī. Om

•••

भजन--5

अब सौंप दिया

अब सौंप दिया, इस जीवन का, सब भार तुम्हारे हाथों में।

है जीत तुम्हारे हाथों में, है हार तुम्हारे हाथों में॥

मेरा निश्चय है एक यही, इक बार तुम्हें पा जाऊँ मैं।

अर्पण कर दूं जगती भर का, सब प्यार तुम्हारे हाथों में॥

जब-जब संसार का बन्दी बन, दरबार में तेरे आऊँ मैं।

हो मेरे पापों का निर्णय, सरकार तुम्हारे हाथों में॥

यदि मानुष ही मुझे जन्म मिले, तब तव चरणों का पुजारी बनूँ।

मुझ पूजक की इक-इक रग का, हो तार तुम्हारे हाथों में॥

या तो मैं जग से दूर रहूँ, और जग में रहूँ तो ऐसे रहूँ।

इस पार तुम्हारे हाथों में, उस पार तुम्हारे हाथों में॥

मुझ में तुझ में है भेद यही, मैं नर हूँ तुम नारायण हो।

मैं हूँ संसार के हाथों में, संसार तुम्हारे हाथों में।

•••

Bhajana -5

Ab Sauñpa Diyā

Ab sauñpa diyā isa jīvana kā, saba bhāra tumhāre hāthoñ meñ.

Hai jīta tumhāre hāthoñ meñ, hai hāra tumhāre hāthoñ meñ.

Merā niśchaya hai eka yahī, ika bāra tumheñ pā jāuñ meñ.

Arpaṇa kara dūñ jagatī bhara kā, saba pyāra tumhāre hāthoñ meñ.

Jaba jaba sansāra kā bandī bana, darbāra meñ tere āūñ meñ.

Ho mere pāpa kā nirṇaya, sarakāra tumhāre hāthoñ meñ.

Yadi mānuṣa hī mujhe janma mile, taba tava charaṇoñ kā pujārī banūñ

Mujha pūjaka kī ika-ika raga kā, ho tāra tumhāre hathoñ meñ

Yā to maiñ jaga se dūra rahūñ, aura jaga meñ rahūñ to aise rahūñ

Isa pāra tumhāre hāthoñ meñ, usa pāra tumhāre hāthoñ meñ

Mujha meñ tujha meñ hai bheda yahī, maiñ nara hūñ tuma nārāyaṇa ho.

Maiñ huñ sansāra ke hathoñ meñ, sansāra tumhāre hathoñ meñ.

•••

भजन--6

तुम हो प्रभु चाँद

तुम हो प्रभु चाँद, मैं हूँ चकोरा।

तुम हो कमल फूल, मैं रस का भौंरा॥

ज्योति तुम्हारी का, मैं हूँ पतंगा।

आनन्द-घन तुम हो, मैं बन का मोरा॥

जैसे है चुम्बक को लोहे से प्रीति।

आकर्षण करे मोहे लगातार तोरा॥

पानी बिना जैसे हो मीन व्याकुल।

ऐसे ही तडपाय तोरा बिछोड़ा॥

इक बूँद जल का मैं प्यासा हूँ चातक।

अमृत की करो वर्षा, हरो ताप मोरा॥

•••

Bhajana--6

Tuma ho prabhu Chāñda

Tuma ho prabhu chāñda, maiñ huñ chakorā.

Tuma ho kamala kā phūla, maiñ hūñ rasa kā bhauñrā.

Om aneka bāra bola, prema ke prayogī.

Teka Jyoti tumhārī kā maiñ hūñ pataṅgā.

Ānanda ghana tuma ho maiñ bana kā morā

Jaise hai chumbaka ko lohe se prīti.

Ākarṣaṇa kare mohe lagātāra torā.

Pānī binā jaise ho mīna vyākula.

Aise hī taḍapāya torā bichhoḍā.

Ika būñda jala kā maiñ pyāsā chātaka.

Amṛta kī karo varṣā haro tāpa morā.

•••

भजन--7

तेरो नाम ओंकार

तेरो नाम ओंकार कोई न पा सके है पार।

महा मुनीश गये हार गाय-गाय ध्याय-ध्याय। तेरो.......

सत् चित् आनन्द स्वरूप, बिना रंग रहित रूप।

तू अनूप, जगत् भूप, निराकार, निर्विकार। तेरो......

अजर, अमर, नित्य, अभय, परब्रह्म, अखंड, अक्षय।

शुद्ध, बुद्ध, मंगलमय, तू अपार, तू अपार। तेरो......

तू अभेद, तू अछेद, सर्वशास्त्र कहत वेद।

नवलसिंह कहे पुकार, कोऊ न कह सके विस्तार॥

•••

Bhajana--7

Tero Nāma Oṁkāra

Tero nāma oṁkāra koi na pā sake hai pāra.

Mahā munīśa gaye hāra gāya-gāya dhyāya-dhyāya. Tero....

Sat chit ānanda svarupa binā raṅga rahita rūpa.

Tū anūpa jagat bhūpa, nirākāra, nirvikāra. Tero......

Ajara, amara, nitya, abhaya, parabrahma, akhaṇḍa, akṣsya.

Śuddha, buddha, maṅgala-maya, tū apāra.

Tū abheda, tu accheda, sarva-śāstra kahat veda.

Navalsingh kahe pukāra koū na kaha sake vistāra.

●●●

भजन--8

अब कैसे छूटे

अब कैसे छूटे प्रभु रट लागी।

प्रभु जी तुम चन्दन मैं पानी,

अंग-अंग फूटै सुगंध सुहानी।

प्रभु जी तुम दीपक मैं बाती,

जग-मग जोत जले दिन-राती।

प्रभु जी तुम मोती मैं धागा,

जैसे सुवर्ण में मिलत सुहागा।

प्रभु जी तुम वन, मैं वनमोरा,

जैसे चन्दन को चहत चकोरा।

प्रभु जी तुम स्वामी, मैं दासा,

ऐसी भक्ति करे 'रैदासा' ॥

•••

Bhajana -8

Tero Nāma Oṁkāra

Aba kase chhuṭe prabhu raṭa lāgī.

Prabhuji tuma chandana maiñ pānī,

aṅga-aṅga phuṭai sugandha suhānī.

prabhu ji tuma dīpaka maiñ bātī,

jaga-maga jota jale dina rātī.

Prabhuji tuma moti maiñ dhāgā,

jaise suvarṇa maiñ milata suhāgā

Prabhuji tuma svāmī maiñ dāsā, aisī bhakti kare 'Raidāsā"

•••

भजन--9

रे मन! उसका कर चिन्तन

रे मन! उसका कर चिन्तन
ऊँचे ऊँचे व्योम विचुम्बित,
शैल-श्रृंग उत्तुंग हिमावृत।
अविचल पर्वत हैं महिमान्वित,
करते जिसका आराधान।
विरहिन व्याकुल सी सरितायें,
बढ़ा-बढ़ाकर दीर्घ भुजायें।
गा-गाकर जिसकी महिमायें,
करती अविरल आवाहन।
युग-युग के वियोग से विह्वल,
सागर जिसे पुकारे प्रतिपल।
सभी दिशायें फैला आँचल,
करती जिसका अभिनन्दन।
रे मन, उसका कर चिन्तन॥

•••

Bhajana--9

Re Mana! Usakā Kara Chintana

Re mana usakā kara chintana

Ūñche ūñche vyoma chumbita,

Śaila śṛṅga uttuṅga himāvṛta.

vichala parvata haiñ mahimānvita,

Karate jisakā ārādhana.

Virhina vyākula sī saritāyeñ,

Baḍhā-baḍhā kara dīrgha bhūjāyeñ.

Gā-gākara jisakī mahimāyeñ,

Karatī avirala āvāhana.

Yuga-yuga ke viyoga se vihvala,

Sāgara jise pukāre pratipala.

Sabhī diśāyeñ phailā añchala,

Karatī jisakā abhinandana.

Re mana usakā kara chintana.

•••

भजन--10

तुम्हारी कृपा

तुम्हारी कृपा से जो आनन्द पाया,

वाणी से जाये वह क्योंकर बताया।

नही है यह वह रस जिसे रसना चाखे,

नहीं रूप उसका कभी दृष्टि आया।

नहीं है वह गुण गन्ध जो घ्राण जाने,

त्वचा से न जाये छुआ या छुवाया।

संख्या में आना असम्भव है उसका,

दिशा-काल में भी रहे ना समाया।

तुझसा न दाता है, तुझसा न दानी,

इतना बड़ा दान जिसने है दिलाया।

आत्मोन्नति में तुम्हारी दया से,

मेरी जिन्दगी ने अजब पलटा खाया।

सत् चित् आनन्द अनन्त स्वरूप,

मुझे मेरे अनुभव ने निश्चित कराया।

गूंगे की रसना के सदृश 'अमीचन्द',

कैसे बतायें कि क्या रस उडाया।

•••

Bhajana -10

Tumhārī Kṛpā

Tumhārī kṛpā se jo ānanda pāyā,

Vāṇī se jāye vaha kyoṅkara batāyā.

Nahi hai vaha rasa jise rasanā chākhe,

Nahiñ rūpa usakā kabhī dṛṣṭi āyā.

Nahiñ hai vaha guṇa gandha jo ghrāṇa jāne,

Tvachā se jāye chhuā yā chhuvāyā.

Sañkhyā me ānā asambhava hai usakā,

Diśā-kāla meñ bhī rahe na samāyā.

Tujhasā na dātā hai, tujhasā na dānī,

Itanā baḍā dāna jisane hai dilāyā.

Ātmonnati meñ tumhārī dayā se,

Merī jindagī ne ajaba palaṭā khāyā.

Sat chit ānanda ananta svarūpa,

Mujhe mere anubhava ne niśchita karāyā.

Guṅge kī rasanā ke sadṛśa 'Amichanda",

Kaise batāyeñ kī kyā rasa khāyā.

•••

भजन --11

तेरे पूजन को भगवान्

तेरे पूजन को भगवान् बना मन्दिर आलीशान।

किसने देखी तेरी माया, किसने भेद तेरा है पाया,

हारे ऋषि मुनि कर ध्यान। बना मन........

किसने देखी तेरी सूरत, कौन बनावे तेरी मूरत,

तू है निराकार भगवान्। बना मन.......

तू हर गुल में तू बुलबुल में, तू हर शाख में हर पातर में,

तू हर दिल में प्रभु को मान। बना मन........

तू ही जल में तू ही थल में, तू ही बन में तू ही मन में,

तेरा रूप अनूप महान्। बना मन........

तूने राजा रंक बनाये, तुने भिक्षुक राज बिठाये,

तेरी लीला ईश महान्। बना मन........

झूठे जग की झूठी माया, मूरख इसमें क्यों भरमाया,

कर कुछ जीवन का कल्याण। बना मन......

•••

Bhajana -11

Tere Pūjana Ko Bhagavān

Tere Pūjana ko Bhagavān bane mandira ālīśāna.

Kisane dekhī terī māyā, kisane bheda terā hai pāyā,

Hāre ṛṣi muni kara dhyāna. Banā mana.......

Kisane dekhī terī sūrata, kauna banāve terī mūrata,

Tu hai nirākāra Bhagavān. Banā mana.......

Tū hara gula meñ tū bulabula meñ,

Tū hara śākha meñ hara pātara me,

Tū hara dila meñ prabhu ko māna. Banā mana...

Tū hī jala meñ tū hī thala meñ,

Tū hī bana meñ tū hī mana meñ,

Terā rūpa anūpa mahān. Banā mana...

Tūne rājā raṅka banāye, tūne bhikṣuka rāja biṭhāye,

Terī līlā Īśa mahān. Banā mana...

Jhūṭhe jaga kī jhūṭī māyā, mūrakha isameñ kyoñ bharmāyā

Kara kucha jīvana kā kalyāṇa. Banā mana...

•••

भजन--12

आज मिल सब गीत गाओ

आज मिल सब गीत गावो उस प्रभु के धन्यवाद।

जिसका यश नित गाते हैं, गन्धर्व मुनिजन धन्यवाद॥

मन्दिरों में, कन्दरों में, पर्वतों के शिखर पर।

पाते हैं आनन्द मिल गाते हैं स्वर भर धन्यवाद॥

कूप में, तालाब में, सागर की गहरी धार में ।

प्रेमरस में तृप्त हो करते हैं जलचर धन्यवाद॥

शादियों में, कीर्तनों में, यज्ञ और उत्सव के आदि।

मीठे स्वर में चाहिए करें नारि नर सब धन्यवाद॥

गान कर 'अमीचन्द' भजनान्द ईश्वर-स्तुति।

ध्यान धर सुनते हैं श्रोता कान धर-धर धन्यवाद॥

•••

Bhajana --12

Āja Mila Saba Gīta Gāo

Āja mila saba gīta gāo usa prabhu ke dhanyavāda,

Jisakā yaśa nita gāte haiñ, gandharva munijana dhanyavāda.

Mandiroñ meñ, kandaroñ meñ, parvatoñ ke śikhara para,

Pāte haiñ ānanda mila gāte haiñ svara bhara dhanyavāda.

Kūpa meñ, tālāba meñ, sāgara kī gaharī dhāra meñ,

Prema rasa meñ tṛpta ho karate haiñ jalachara dhanyavāda.

Śādiyoñ meñ, kīrtano meñ, yajña aura utsava ke ādi,

Mīṭhe svara meñ chāhiye kareñ nāri nara saba dhanyāvāda

Gāna kara 'Amichanda" bhajanānda Īśvara-stuti,

Dhyāna dhara sunate haiñ śrotā kāna dhara-dhara dhanyavāda

•••

भजन--13

मेरे देवता

मेरे देवता मुझको देना सहारा, कहीं छूट जाये न दामन तुम्हारा।

तेरे पथ से मुझको हटाती है दुनिया, इशारे से मुझको बुलाती है दुनिया।

न देखूँ मैं जग का यह झूठा इशारा, मेरे देवता.........

तेरे प्रेम के गीत गाता रहूँ मैं, सुबह-शाम को तुझको ही ध्याता रहूँ मैं।

तेरा नाम हो मुझको प्राणों से प्यारा। मेरे देवता..........

तेरे ज्ञान की गंगा में न्हाता रहूँ मैं, यह श्रद्धा सुमन नित चढ़ाता रहूँ मैं।

तुम्हीं मेरी ज्योति तुम्हीं हो सहारा। मेरे देवता...........

सिवा तेरे मन में समाये न कोई, लगन का यह दीपक बुझाये न कोई।

सिवा तेरे मुझको न कोई प्यारा। मेरे देवता.................

•••

Bhajana -13

Mere Devatā

Mere devatā mujhako denā sahārā,

kahīñ chhūṭa jāye na dāmana tumhārā.

Tere patha se mujhako haṭātī hai duniyā,

Īśāre se mujhako bulātī hai duniyā.

Na dekhūñ maiñ jaga kā jhūṭhā iśārā,

Mere Devatā.....

Tere Prema ke gīta gātā rahūñ maiñ,

Subaha śyāma ko tujhako hī dhyātā rahūñ maiñ.

Terā nāma ho mujhako prāṇoñ se pyārā.

Mere Devatā.....

Tere Jñāna kī gaṅgā meñ nhātā rahūñ maiñ,

yaha śraddhā sumana nita chaḍhātā rahūñ maiñ.

Tumhīñ merī jyoti tumhīñ ho sahārā.

Mere Devatā.....

Sivā tere mana meñ samāye na koi,

Lagna kā yaha dīpaka bujhāye na koi.

Sivā tere mujhako na koi pyārā.

Mere Devatā.....

•••

भजन 14

ओम् ही रक्षक हमारे

ओम् ही रक्षक हमारे सब गुणों की खान हो।
अजर अमर अद्वैत अव्यय विश्व के विद्वान् हो॥

'भूः' सदा सब प्राणियों के प्राण के भी प्राण हो।
आप हे जगदीश सब संसार के कल्याण हो॥

'भुवः' सब दुःख दूर करते आप कृपानिधान हो।
'स्वः' सदा सुखरूप सुखमय, सुखद सुखधि महान् हो॥

'तत्' वही सुप्रसिद्ध ब्रह्मन् वेद-वर्णित सार हो।
देव 'सवितुः' सर्व-उत्पादक व पालनहार हो॥

शुभ 'वरेण्यं' वरण करने योग्य भगवन् आप हो।
शुद्ध 'भर्गः' मलरहित भजनीय हो, निष्पाप हो॥

दिव्य गुण 'देवस्य' दिव्य स्वरूप देव अनूप के।
'धीमहि' धारें हृदय में दिव्य गुण-गण रूप के॥

'धियो यो नः' वह हमारी बुद्धियों का हित करे।
ईश 'प्रचोदयात्' नित सन्मार्ग में प्रेरित करे॥

बुद्धि का दान दे अपनी शरण में लीजिये।
वेद-पथ का कर पथिक हमको 'अमर' पद दीजिये॥

•••

Bhajana -14

Om Hī Rakṣaka Hamāre

Om hi rakṣaka hamāre saba guṇo kī khāna ho.

Ajara amara advaita avyaya viśva ke vidvān ho

'Bhuḥ" sadā saba prāṇiyoñ ke prāṇa ho.

Āpa he jagadīśvara saba sansāra ke kalyāṇa ho.

'Bhuvaḥ" saba duḥkha dūra karate āpa kṛpānidhāna ho.

'Svaḥ" sadā sukhrūpa sukhamaya, sukhada sukhadhi mahān ho

'Tat" vahī suprasiddha Brahman veda-varṇita sāra ho.

'Deva savituḥ" sarva utpādaka va pālanahāra ho.

Śhubha 'vareṇyaṁ" varaṇa karane yogya bhagvan āpa ho.

Śuddha 'bhargaḥ" mala-rahita bhajanīya ho, niṣpāpa ho.

Divya guṇa 'devasya" divya svarūpa deva anūpa ke.

'Dhīmahi" dhāre hṛdaya meñ divya guṇa-gaṇa rūpa ke.

'Dhiyo yo naḥ" vaha hamārī buddhiyoñ kā hita kare.

Īśa 'prachodayāt" nita sanmārga meñ prerita kareñ.

Buddhi kā dāna de apanī śaraṇa meñ lījiye.

Veda-patha kā kara pathika hamako 'amara" pada dījiye.

•••

भजन--15

मेरा नाथ तू है

मेरा नाथ तू है, मेरा नाथ तू है। नहीं मैं अकेला मेरे साथ तू है॥

मेरा नाथ......

चला जा रहा हूँ मैं राह पे तुम्हारी। जो राहों में आ जाये तूफान भारी॥

थामे हुए जो मेरा हाथ तू है। मेरा नाथ ....

मेरा इष्ट तू है, मैं तेरा पुजारी। तेरा खेल हूँ मैं, तू मेरा खिलाड़ी॥

मेरी जिन्दगी की हरेक बात तू है। मेरा नाथ.......

तेरा दास हूँ मैं, तेरे गीत गाऊँ। तुझे भूल के भी न भूल पाऊँ॥

तू ही दीनबन्धु पितु मातु तू है। मेरा नाथ.......

तुम्हीं को निहारूँ तेरी प्रीति पाऊँ। तुम्हीं को मैं श्रद्धा सहित सिर नवाऊँ॥

भरोसा मेरा और विश्वास तू है। मेरा नाथ.......

•••

Bhajana --15

Merā Nātha Tū Hai

Merā nātha tū hai, merā nātha tū hai.

Nahīñ maiñ akelā mere sātha tū hai. merā nātha......

Chalā jā rahā hūñ maiñ rāha pe tumhārī.

Jo rāhoñ meñ ā jāye tūphāna bhārī.

Thāme hue jo mere hātha tū hai. merā nātha.......

Merā iṣṭa tū hai, maiñ terā pujārī.

Terā khela hūñ maiñ, tū merā khilāḍī.

Merī jindagī kī hareka bāta tu hai. merā nātha.......

Terā dāsa hūñ maiñ, tere gīta gāūñ.

Tujhe bhūla ke bhī na bhūla pāūñ

Tū hī dīnabandhu pitu mātu tū hai. merā nātha.......

Tumhī ko nihārūñ terī prīti pāūñ.

tumhīñ ko maiñ śrddhā sahita sira navāūñ.

Bharosā merā aura viśvāsa tū hai. merā nātha.......

•••

भजन--16

भरोसा कर तू ईश्वर का

भरोसा कर तू ईश्वर का, तुझे धोखा नहीं होगा।

यह जीवन बीत जायेगा, तुझे रोना नहीं होगा॥

कभी सुख है कभी दुःख है, यह जीवन धूप छाया है।

हँसी में ही बिता डालो, बितानी ही यह माया है॥

जो सुख आवे तो हँस देना, जो दुःख आवे तो सह लेना।

न कहना कुछ कभी जग से, प्रभु से ही तू कह लेना॥

यह कुछ भी तो नहीं जग में, तेरे बस कर्म की माया।

तू खुद ही धूप में बैठा लखे, निज रूप की छाया॥

कहाँ तू था, कहाँ तू है, कभी तो सोच ए बन्दे।

झुकाकर शीश को कह दे, प्रभु वन्दे! प्रभु वन्दे॥

•••

Bhajana -16

Bharosā Kara Tū Īśvara Kā

Bharosā kara tū Īśvara kā, tujhe dhokhā nahiñ hogā.

Yaha Jīvana bīta jāyegā, tujhe ronā nahīñ hogā.

Kabhī sukha hai kabhī duḥkha hai, yaha jīvana dhūpa chhāya hai.

Hañsī meñ hī bitā ḍālo, bitānī hī yaha māyā hai.

Jo sukha āve to hañsa denā, jo duḥkha āve to saha lenā

Na kahanā kuchha kabhī jaga se, prabhu se hī tū kaha lenā.

Yaha kuchh bhī to nahiñ jaga meñ, tere basa karma kī māyā. Tū khuda hī dhūpa meñ baiṭhā lakhe, nija rūpa kī chhāyā.

Kahāñ tū thā, kabhī to socha e bande.

Jhukākara śīśa ko kaha de, Prabhu vande! Prabhu vande!

•••

भजन--17

मैया बरस-बरस रस वारी

मैया बरस बरस रस वारी।

बूँद बूँद पर तेरी जाऊँ, बार बार बलिहारी।

नदी सरोवर सागर बरसे लागी झारियाँ भारी।

मोरे अंगना क्यों नहिं बरसे, मैं क्या बात बिगारी।

तू बरसे मैं जी भर न्हाऊँ, दोनो भुजा पसारी।

नयन मूँद कर नाचूं गाऊँ, अपना आप बिसारी॥

•••

Bhajana -17

Maiyā Barasa-Barasa Rasa Vārī

Maiyā barasa barasa rasa vārī.

Būñda būñda para terī jāūñ, bāra bāra balihārī.

Nadī sarovar sāgara barase lāgī jhariyāñ bhārī

More aṅganā kyoñ nahiñ barase, maiñ kyā bāta bigārī.

Tū barase maiñ jī bhara nhāūñ, donoñ bhujā pasārī:

Nayana mūñda kara nāchūñ gāūñ, apanā āpa bisārī.

•••

भजन--18

शरण अपनी में रख लीजे

शरण अपनी में रख लीजे, दयामय दास हूँ तेरा।

तुझे तज कर कहाँ जाऊँ, हितैषी कौन है मेरा॥

भटकता हूँ मैं मुद्दत से नहीं विश्राम पाता हूँ।

दया की दृष्टि से देखो, नहींतो डूबता बेड़ा॥

सताया राग द्वेषों का, तपाया तीन तापों का।

दुःखाया जन्म मृत्यु का, हुआ तंग हाल है मेरा॥

दुःखों को मेटने वाला, तुम्हारा नाम सुन कर मैं।

शरण में आ गिरा अब तो, भरोसा नाथ है तेरा॥

क्षमा अपराध कर मेरे, फकत अब आश है तेरी।

दया 'बलदेव' पर करके, बनाले नाथ निज चेरा॥

•••

Bhajana -18

Śaraṇa Apanī Meñ Rakha Lije

Śaraṇa apanī meñ rakha līje, dayāmaya dāsa hūñ terā.

Tujhe taja kara kahāñ jāūñ, hitaiṣī kauna hai merā.

Bhaṭakatā hūñ maiñ muddata se nahīñ viśrāma pātā hūñ

dayā kī dṛṣṭi se dekho, nahīñ to ḍūbatā beḍā.

Satāyā rāga dveṣoñ kā, tapāyā tīna tāpoñ kā

Duḥkhāyā janma mṛtu kā, huā taṅga hāla hai merā.

Duḥkhoñ ko meṭane vālā, tumhārā nāma suna kara maiñ.

Śaraṇa meñ ā girā aba to, bharosā nātha hai terā.

Kṣamā aparādha kara mere, phakata aba āśa hai terī.

Dayā 'Baladeva" para karake, banāle nātha nija cherā.

•••

भजन--19

सुखी बसे संसार सब

सुखी बसे संसार सब, दुखिया रहे न कोय।
यह अभिलाषा हम सबकी, भगवन! पूरी होय॥

विद्या, बुद्धि, तेज, बल सबके भीतर होय।
दूध-पूत, धन-धान्य से वंचित रहे न कोय॥

आपकी भक्ति प्रेम से, मन होवे भरपूर।
राग-द्वेष से चित्त मेरा, कोसों भागे दूर॥

मिले भरोसा नाम का, हमें सदा जगदीश।
आशा तेरे धाम की, बनी रहे मम ईश॥

हमें बचाओ पाप से, करके दया दयाल।
अपना भक्त बनायकर, हमको करो निहाल॥

दिल में दया उदारता, मन में प्रेम अपार।
धैर्य हृदय में धीरता, सबको दो करतार॥

नारायण तुम आप हो, संकट मोचनहार।
कृपा करो हम पर प्रभो, करदो भव से पार॥

हाथ जोड़ विनती करूँ, सुनिये कृपानिधान।
साधु-संगत सुख दीजिये, दया नम्रता दान॥

•••

Bhajana -19

Sukhī Base Sansāra Saba

Sukhī base sansāra saba, duḥkhiyā rahe na koya.
Yaha abhilāṣā hama sabakī, Bhagavan! pūrī hoya.

Vidyā, buddhī, teja, bala, sabake bhītara hoya.
Dūdha pūta dhana dhānya se vañchita rahe na koya.

Āpakī bhakti prema se, mana hove bharapūra.
rāga dveṣa se chitta merā, kosoñ bhāge dūra.

Mile bharosā nāma kā, hameñ sadā jagadīśa.
āśā tere dhāma kī, banī rahe mama īśa.

Hameñ bachāo pāpa se, karake dayā dayāla.
Apanā bhakta banāya kara, hamako karo nihāla.

Dila meñ dayā udāratā, mana meñ prema apāra.
Dhairya hṛdaya meñ dhīratā, sabako do kartāra.

Nārāyaṇa tuma āpa ho, saṅkaṭa mochana hāra.
Kṛpā karo hama para prabho, kardo bhava se pāra.

Hātha joḍa vinatī karūñ, suniye kṛpā nidhāna.
Sādhu- saṅgata sukha dījiye, dayā namratā dāna.

•••

आरती

ओ३म् जय जगदीश हरे, पिता जय जगदीश हरे।
भक्त जनन के संकट, क्षण में दूर करे॥ 1 ॥
जो ध्यावे फल पावे, दुःख विनशे मन का।
सुख सम्पति घर आवे, कष्ट मिटे तन का ॥ 2 ॥
मात पिता तुम मेरे, शरण गहूँ मैं किसकी।
तुम बिन और न दूजा, आस करूं जिसकी ॥ 3 ॥
तुम पूरण परमात्मा, तुम अन्तर्यामी।
पार ब्रह्म परमेश्वर, तुम सबके स्वामी ॥ 4 ॥
तुम करुणा के सागर, तुम पालन कर्त्ता।
मैं सेवक तुम स्वामी, कृपा करो भर्त्ता ॥ 5 ॥
तुम हो एक अगोचर, सब के प्राणपति।
किस विधि मिलूँ दयामय, तुमको मैं कुमति॥ 6 ॥
दीनबन्धु दुःखहर्त्ता, तुम रक्षक मेरे।
करुणा हस्त बढ़ाओ, शरण पड़ा तेरे॥ 7 ॥
विषय विकार मिटाओ, पाप हरो देवा।
श्रद्धा भक्ति बढ़ाओ, सन्तन की सेवा ॥ 8 ॥

•••

Āratī

Om jaya jagadīśa hare, pitā jaya jagadīśa hare.

Bhakta janana ke saṅkaṭa, kṣaṇa meñ dūra kare.

Jo dhyāve phala pāve, duḥkha vinaśe mana kā.

Sukha sampatti ghara āve kaṣṭa miṭe tana kā.

M āta pitā tuma mere, śaraṇa gahūñ maiñ kisakī.

Tuma bina aura na dūjā, āsa karūñ jisakī.

Tuma pūraṇa parmātmā, tuma antaryāmī.

Pāra brahma parameśvara, tuma sabake svāmī.

Tuma karuṇā ke sāgara, tuma pālana karattā.

Maiñ sesvaka tuma svāmī, kṛpā karo bharttā.

Tuma ho agochara, sabake prāṇapati.

Kisa vidhi milūñ dayā-maya, tumako maiñ kumati.

Dīna bandhu duḥkha harttā, tuma rakṣaka mere.

Karuṇā hasta badhāo, śaraṇa paḍā tere.

Viṣaya vikāra miṭāo, pāpa haro devā.

śraddhā bhakti badhāo, Santana kī sevā.

•••

ऋग्वेद का अन्तिम सूक्त

(संगठन सूक्त)

Last Hymn of the Ṛgveda

(Saṅgaṭhana Sūkta)

ओं सं समिद्युवसे वृषन्नग्ने विश्वान्यर्य आ।
इळस्पदे समिध्यसे स नो वसून्या भर॥ ऋ.10.191.111

Oṁ saṁ samidyuvase vṛṣann agne viśvānyarya ā
iḍaspade samidhyase sa no vasūnyā bhara.

हे प्रभो तुम शक्तिशाली हो बनाते सृष्टि को।
वेद सब गाते तुम्हें हैं कीजिए धन वृष्टि को॥

O God you are powerful, you create the universe. The Vedas sing your praise. Bless us with prosperity and life.

ओं संगच्छध्वं सं वदध्वं सं वो मनांसि जानताम्।
देवा भागं यथा पूर्वे संजानाना उपासते॥ ऋ.10.191.211

Oṁ saṁgacchadhvaṁ saṁ vadadhvaṁ saṁ vo manānsi jānatām. devā bhāgam yathā pūrve sañjānānā upāsate.

प्रेम से मिलकर चलो बोलो सभी ज्ञानी बनो।
पूर्वजों की भांति तुम कर्त्तव्य के मानी बनो॥

Walk together, speak together. Let your minds be all alike, like those of our ancient scholars who shared a common goal with common minds.

ओं समानो मन्त्रः समितिः समानी समानं मनः सह चित्तमेषाम्।
समानं मन्त्रमभिमन्त्रये वः समानेन वो हविषा जुहोमि। ऋ.10.191.311

Oṁ samāno mantraḥ samitiḥ samānī

samānaṁ mania saha cittam eṣām
samānaṁ mantram abhi mantraye vaḥ
samānena vo haviṣā juhomi.

हों विचार समान सबके चित्त मन सब एक हों।
ज्ञान देता हूँ बराबर भोग्य पा सब नेक हों॥

Let you be led by a common cause, common assembly and common mind, so be your thoughts united. I lay before you a common goal and offer worship with your common oblation.

ओं समानी व आकूतिः समाना हृदयानि वः।
समानमस्तु वो मनो यथा वः सुसहासति॥ ऋ.10.191.411
Oṁ samānī vaḥ ākūtiḥ samānā hṛdayāni vaḥ
samānam astu vo mano yathā vaḥ susasahāsati.

हों सभी के दिल तथा संकल्प अविरोधी सदा।
मन भरे हों प्रेम से जिस से बढ़े सुख सम्पदा॥

Let your decisions be unanimous; let your hearts and minds be in accord. May the thoughts of all be united so that there may be happy agreement among all.

•••

सामूहिक प्रार्थना

Congregational Prayer after Yajña

सर्वे भवन्तु सुखिनः सर्वे सन्तु निरामयाः।
सर्वे भद्राणि पश्यन्तु मा कश्चिद् दुःखभाग् भवेत् ॥

sarve bhavantu sukhinaḥ
sarve santu nirāmayāḥ.
sarve bhadrāṇi paśyantu
mā kaścid duḥkha bhāg bhavet.

सबका भला करो भगवान्, सब पर दया करो भगवान्।

सब पर कृपा करो भगवान, सबका सब विधि हो कल्याण ॥

हे ईश सब सुखी हों कोई न हो दुखारी।

सब हों नीरोग भगवन् धनधान्य के भंडारी॥

सब भद्र भाव देखें, सन्मार्ग के पथिक हों।

दुखिया न कोई होवे सृष्टि में प्राणधारी॥

Let all be hale and hearty. All come across good things in their life. Nobody should suffer from pain or misery.

•••

शान्तिपाठ

Prayer for peace

ओं द्यौः शान्तिरन्तरिक्षꣳ शांतिः पृथिवी शान्तिरापः शान्तिरोषधयः शान्तिः। वनस्पतयः शान्तिर्विश्वे देवाः शान्तिर्ब्रह्म शान्तिः सर्वꣳ शान्ति शान्तिरेव शान्तिः सा मा शान्तिरेधि।

ओं शान्तिः शान्तिः शान्तिः

Oṁ dyauḥ śāntir antarikṣaṁ śānti pṛthivī śāntir āpaḥ śāntir oṣadhayaḥ śāntiḥ. vanaṣpatayaḥ śāntir viśve devāḥ śāntir brahma śāntiḥ sarvaṁ śānti śāntir eva śāntiḥ sā mā śāntir edhi.

Om śāntiḥ śāntiḥ śāntiḥ

(द्यौः) द्युलोक (शान्तिः) शान्तिकारक हो, (अन्तरिक्षम्) पृथ्वी और द्युलोक का मध्य लोक अर्थात् अन्तरिक्ष लोक (शान्तिः) शान्तिदायक हो। (पृथिवी) पृथ्वी लोक (शान्तिः) शान्तिदायक हो। (आपः) जल (शान्तिः) शांतिदायी हों। (ओषधयः) सोमलतादि औषधियाँ (शान्तिः) शान्तिदायक हों। (वनस्पतयः) वनस्पतियाँ (शान्तिः) शान्तिदायक हों। (विश्वेदेवाः) सब प्राकृतिक शक्तियाँ (शान्तिः) शान्तिदायक हों। (ब्रह्म) ज्ञान (शान्तिः) शान्तिदायक हो। (सर्वम्) सब पदार्थ (शान्तिः) शान्तिदायक हों। (शान्तिः) शान्ति (एव) भी (शान्तिः) सच्ची शान्ति हो। (सा) ऐसी (शान्तिः) शान्ति (मा) मुझको (एधि) प्राप्त हो।

May the sun, the earth's magnetosphere and the earth be peaceful to us. May the waters flow peacefully. May the herbs and shrubs grow peacefully with the power of healing. May all natural forces bring us peace. Knowledge grants us peace. Everything should bring us peace, and peace be peace in the true sense. Let that peace come to me.

•••

आर्यसमाज के दस नियम

1. सब सत्यविद्या और जो पदार्थ विद्या से जाने जाते हैं उन सबका आदि मूल परमेश्वर है।

2. ईश्वर सच्चिदानन्दस्वरूप, निराकार, सर्वशक्तिमान्, न्यायकारी, दयालु, अजन्मा, अनन्त, निर्विकार, अनादि, अनुपम, सर्वाधार, सर्वेश्वर, सर्वव्यापक, सर्वान्तर्यामी, अजर, अमर, अभय, नित्य, पवित्र और सृष्टिकर्त्ता है। उसी की उपासना करनी योग्य है।

3. वेद सब सत्य विद्याओं का पुस्तक है। वेद का पढ़ना-पढ़ाना और सुनना सुनाना सब आर्यों का परम धर्म है।

4. सत्य के ग्रहण करने और असत्य के छोडने में सर्वदा उद्यत रहना चाहिए।

5. सब काम धर्मानुसार अर्थात् सत्य और असत्य को विचार करके करने चाहिएं।

6. संसार का उपकार करना इस समाज का मुख्य उद्देश्य है, अर्थात् शारीरिक, आत्मिक और सामाजिक उन्नति करना।

7. सबसे प्रीतिपूर्वक धर्मानुसार यथायोग्य वर्तना चाहिए।

8. अविद्या का नाश और विद्या की वृद्धि करनी चाहिए।

9. प्रत्येक को अपनी ही उन्नति में सन्तुष्ट न रहना चाहिए किन्तु सबकी उन्नति में अपनी उन्नति समझनी चाहिए।

10. सब मनुष्यों को सामाजिक सर्वहितकारी नियम पालने में परतन्त्र रहना चाहिए और प्रत्येक हितकारी नियम में सब स्वतन्त्र रहें।

Ten Principles of Arya Samaj

1. God is the primary source of all true knowledge and of all that is known through material and physical sciences.

2. God is Existent, Intelligent and Blissful. He is Formless, Almighty, Just, Merciful, Unborn, Endless, Unchangeable, Beginningless, Unequalled, the Support and Lord of all, Omnipresent, Omniscient, Imperishable, Immortal, Fearless, Eternal, Holy, and the Creator of the Universe. He alone is worshipable.

3. The Veda is the book of true knowledge. It is the paramount duty of all Aryans to read and teach them, to hear them read and read them to others.

4. One should always be ready to accept the truth and denounce untruth.

5. All actions must be performed in conformity with Dharma, that is, after due consideration of right and wrong.

6. The primary object of this Samaj is to do good to the whole world, that is to promote the physical, spiritual and social The primary object of this Samaj is to do good to the whole world, promoting the physical, spiritual and social condition of human beings

7. All ought to be treated with love following Dharma and with due regard to their merits and status.

8. Ignorance must be dispelled, and knowledge diffused.

9. No one should be contented with one's progress, but one's progress should be included in the progress of all.

10. All should observe restrictions while following rules of general social well-being but should feel free while following rules of individual welfare.

www.ingramcontent.com/pod-product-compliance
Lightning Source LLC
Chambersburg PA
CBHW060750050426
42449CB00008B/1349

* 9 7 8 8 1 8 7 7 1 0 9 0 5 *